GRIT
그릿을
키워라

포기하고 싶을 때 힘을 얻는 책

GRIT
그릿을
키워라

마틴 메도우스 지음 | **정종진** 옮김

학지사

역자 서문

|

이 책 《GRIT, 그릿을 키워라》는 마틴 메도우스Martin Meadows가 쓴 *GRIT: How to Keep Going When You Want to Give Up*을 우리말로 옮긴 것입니다. 누구나 사회적으로 성공하기를 바라죠. 그래서 성공을 이끄는 요인이 무엇인가에 대한 탐구가 오래전부터 있어 왔습니다. 그 가운데 비교적 최근에 소개되어 많은 관심을 끌고 있는 개인적 특성 중 하나가 바로 그릿Grit입니다.

그릿은 미국 펜실베이니아대학교 심리학과 교수인 앤절라 더크워스Angela Duckworth가 제안한 개념으로, 2004년 미국 사관학교에서 처음으로 그릿검사가 실시되면서 등장했습니다. 당시 더크워스는 여러 분야에서 성공한 사람들에 대한 인터뷰 내용에서 문항을 추출하였고, 이 검사 문항이 2007년 학계에 발표되고 2013년 미국 교육부가 그릿증진 교육과정을 개발하여 배포하면서 더욱 관심을 끌게 되었습니다.

장기적 목표를 향한 끈기와 열정이란 의미를 갖고 있는 그릿은 어떤 상황적 어려움에도 불구하고 포기하지 않고 끝까지 버티는 힘을 말합니다. 국내에서는 그릿이 불굴의 투지, 끈기, 근성, 열정, 기개, 마음의 근력 등으로 번역되어 사용되고 있으나 정확하게 말하면 이 모두를 조합하는 개념이 그릿입니다. 번역에서 오는 의미의 제한이나 왜곡을 방지하기 위해 이 책에서는 그릿이란 용어를 우리말로 옮기지 않고 원어 그대로 사용하고자 합니다.

더크워스의 연구에서는, 지덕체(智德體)를 모두 갖춘 전인적인 소양이 있어야 입학이 가능할 만큼 들어가기 어려운 미국 육군사관학교 웨스트포인트West Point에 합격한 학생 중 고된 훈련을 마친 생도와 중도에 포기한 생도의 가장 큰 차이가 그릿이라는 결론을 도출해 냈습니다. 즉, 체력, 성적, 리더십 등과 같은 다른 어떤 요인보다도 그릿이 중도 포기를 가장 잘 예측한다는 결론이었죠.

또한 2005년 미국 전국 규모의 영어 스펠링 대회에 참가한 초등학생 중 최종 라운드에 남은 학생과 중도에 탈락한 학생을 의미 있게 예측하였고, 영업사원의 실적과 근속연수를 결정하는 가장 중요한 요인이 그릿임을 밝혀냈습니다. 이처럼 그릿은 군대, 학교, 직업 또는 결혼을 중도에 포기하지 않고 끝까지 해 내는 것을 유의하게 예측하는 요인이며, 학문 분야뿐만 아니라 다양한 분야에서 훌륭한 성취를 이루어 낸 사람들의 공통적 요인임이 여러 연구결과에서 밝혀지고 있습니다.

그릿이 높은 사람은 장기적인 목적에 일관성 있게 관심을 갖고 그 목적을 달성하기 위해 꾸준히 노력하며 어려운 상황에서도 쉽게 좌절하거나 포기하지 않고 나아간다고 합니다. 그들은 등산이나 마라톤을 하는 것처럼 장기적으로 목표를 향해 열정을 가지고 꾸준히 노력하며 포기하고 싶은 순간이 있더라도 인내하며 결국 목표를 이룬다는 것입니다.

이에 학자들 사이에서 그릿은 21세기 건강한 발달과업을 위한 중요한 능력의 하나이고, 전 생애에 걸친 심리발달의 성공적 결과들을 이끄는 중요한 개념으로 인정받고 있습니다. 여러 분야에서 실패와 좌절, 고난과 역경을 극복하고 뛰어난 성취를 이룬 사람들에게 공통적으로 발견되는 성공의 자질이 그릿이고, 이러한 자질은 지능정보사회로 일컬어지는 제4차 산업혁명사회에서도 길러야 할 인재상의 하나로 요구되기 때문에 누구나 자기 분야에서 성공하려면 그릿을 키워야 할 것입니다. 일반 사회 및 산업 분야뿐만 아니라 요즘 학교교육에서도 학생들의 학업을 비롯한 성공을 위해서 그리고 인성적 자질로서도 그릿을 함양해야 한다는 목소리가 높습니다. 비인지적 특성으로서의 그릿은 지능과 같은 인지적 특성에 비하여 경험을 통해 지속적으로 변화가 가능하다는 점에서 더욱 교육적인 주목을 받고 있습니다.

분량은 얼마 되지 않지만 밀도가 상당히 높은 이 책은 우리의 삶과 일에서 그릿이 왜 중요한가를 알려줄 뿐만 아니라, 원저의 부제목에서도 알 수 있듯이 자신의 목표를 향해 달려가다가 어려움에 처하여 포기하고 싶을 때 끝까지 버티며 지속해 나가는 방법을 알기 쉽고 구체적으로 제시해 주고 있다는 점이 매력적입니다.

이 책은 우리가 지향하는 목표의 달성을 위해 일을 추진하다 보면 어쩔 수 없이 급격하게 하강하는 시기, 즉 딥

Dip을 겪을 수밖에 없다는 것을 지적하면서 시작하고 있습니다. 현재 마주친 고난과 역경을 더 오래 버틸수록 성공에 한 발짝 더 다가간 것임에도 불구하고 많은 사람은 그 순간의 고난과 역경을 극복하지 못하고 결국 포기하고 만다는 것입니다. 이 책의 내용은 이런 고난과 역경을 어떻게 극복하고 앞으로 포기하지 않고 끈기와 열정을 가지고 계속 나아갈 것인가에 관한 것입니다.

이러한 끈기와 열정으로 모든 어려움을 버텨내며 자신의 목표를 향해 나아가는 것이 중요하지만, 그렇다고 이 책은 맹목적으로 지속하라고만 주장하지 않습니다. 경우에 따라서는 현재 하고 있는 일을 과감히 포기하는 게 더 나을 수도 있다고 지적합니다. 예를 들어, 지속하면 더 큰 손해를 보는 것이 불 보듯 빤하거나 긴 시간 동안 흥미나 열정이 식었음에도 이미 투자한 시간과 노력과 돈이 아쉬워 포기하지 못하는 경우는 오히려 과감히 포기하는 편이 더 낫다고 저자는 조언합니다.

이 책은 일상의 작은 습관의 변화가 삶을 바꾸고 성공으로 이끈다는 것을 강조합니다. 반복적인 일상적 습관이 중요하다는 것이죠. 성공한 사람들은 어려운 일들을 일상화하여 그것을 습관화하는 경향이 있습니다. 글 쓰는 작가라면 자신이 사전에 정해 놓은 분량의 글을 매일 쓰고, 악기를 연주하는 사람은 일정한 시간을 매일 연습합니다. 그날의 기분에 따라 너무 많이 하거나 혹은 너무 적게 하는 이런 불규칙적인 것은 일상화된 습관이라 할 수 없습니다. 아주 적은 양이라도 하루도 빼먹지 않고 꾸준히 지속하는 것이 중요합니다. 놀라운 것은 세계적인 연주자도 하루 4시간 30분 이상을 연습하지 않는다고 합니다.

이 책은 정신력의 중요성에 대해 이야기하면서 어떻게 하면 정신적으로 강인해질 수 있는지 그 방법도 자세히 제시해 주고 있습니다. 냉수 샤워나 냉수 목욕, 금식, 명상, 낯선 사람이나 환경에의 노출 등 다양한 방법을 추천하고 있습니다.

또한 이 책은 지속력을 갖기 위해서는 적절한 휴식과 집중이 중요하다는 점도 언급하고 있습니다. 80 대 20 법칙, 즉 80%가량의 성과는 20% 정도의 집중에서 발생한다는 점을 들면서 말입니다. 휴식이 없는 노력의 위험성에 대해 지적하며 적절한 휴식과 낮잠이 오히려 생산성을 향상시킨다는 점을 새삼 일깨워 주기도 합니다.

아무튼 이 책은 더 성공적이고 행복한 삶을 추구하고자 하는 우리에게 용기와 희망의 메시지를 전하고 있습니다. 그릿의 개념에 관한 제1장과 마인드셋mindset에 관한 제7장은 역자가 새롭게 추가한 내용이며, 또한 다른 장들에서도 독자의 이해를 돕기 위해 글의 흐름에 방해가 되지 않는 선에서 부분적으로 글을 첨가하기도 했다는 점을 밝혀둡니다.

목표를 향해 일하는 당신, 포기하고 싶을 때가 있겠죠. 그럴 때 끝까지 버티며 지속해 나가려면 보다 끈기 있고 보다 열정을 가진 사람이 되어야 하겠습니다. 우리 모두 이 책을 통해 끈기와 열정의 그릿을 배우고 키워 나갑시다!

세상에서 가장 성공한 사람들을 대상으로 한 인터뷰를 보면 그들 거의 모두가 공유하는 다음과 같은 공통된 조언이 있습니다.

"자신의 큰 목표를 이루기 위해
결코 포기하지 않는다."

연구결과에 의하면, 그릿은 어떤 다른 요인들보다 더 성공을 잘 예측해 주는 요인입니다.[1] 실패와 좌절에도 불구하고 포기하지 않고 끝까지 지속해 나가는 능력은 IQ와 성격 혹은 가정교육이나 주위환경과 같은 외부 요인보다 더 중요합니다.

그런데 "결코 포기하지 않는다."라는 말의 진정한 의미가 무엇일까요? 그릿은 정확하게 어떤 의미일까요? 당신은 살면서 큰 어려움에 처했을 때 어떻게 해서 이에 굴하지 않고 지속해 나가나요? 당신은 기진맥진의 문턱에 처했을 때, 그리고 최선을 다하여 열심히 일했음에도 불구하고 아무런 보상을 받지 못했을 때, 어떻게 해서 포기하지 않고 끝까지 지속해 나가나요?

내가 이 책을 쓴 것은 자기조력 및 자기계발에 관한 상투적 말이 아닌, 좀 더 과학적인 견지에서 지속력persistence의 주제에 대해 탐구하기 위해서입니다. 나는 우리가 충분히 동기부여만 된다면 무한한 강점을 가질 수 있다고 주장하는 모호한 동기적 조언을 하려는 것이 아니라, 최

---

1   Duckworth, A., Peterson, C., Matthews, M D., & Kelly, D. R. (2007). Grit: Perseverance and passion for long0term goals. *Journal of Personality and Social Psychology*, *92*(6), 1087-1101.

고의 성취를 이룬 사람들의 사례와 과학적 근거에 따라 당신의 목표를 바꾸지 않고 고수할 수 있는 방법을 공유하고자 합니다.

이 책을 쓴 목적을 밝힘으로써 나는 당신이 이미 자신의 목표를 바꾸지 않고 지속해 나가기 위한 강력한 동기 부여가 되었다고 생각합니다. 그러면서도 여전히 당신은 포기할 시점에 빠르게 접근하고 있는 자기 자신을 알아차릴 것입니다.

나는 당신과 함께 역경과 장애물을 뚫고 나가기 위한 방법과 훗날 보상의 맛을 얻기 위해 지금의 힘든 상황을 굳세게 견디는 방법에 대해 알아보고자 합니다.

건강, 사업 및 새로운 기술의 습득과 같은 여러 영역에 걸쳐 나의 경험과 함께 과학적 조언을 보태고자 합니다. 12주 동안 약 15kg의 체중 감량(그 후로도 감량된 체중 유지), 여러 사업체 운영, 2개 외국어 습득, 심한 수줍음 극복을 포함하여 내가 성취한 일들은 바로 지속력 덕분이었습니다.

우리는 이제 가장 중요한 질문(이 질문에 대한 대답이 '아니오'라고 한다면 그 밖의 어떤 것도 중요하지 않음)을 던지는 것을 시작으로, 그다음 여러 측면의 지속력에 관한 8개(역자가 추가한 것을 포함하면 모두 10개) 장으로 나아갈 것입니다. 마지막 장에서는 6명의 서로 다른 자기계발 저자들의 다양한 조언을 듣게 될 것입니다.

이 책을 다 읽으면 당신은 포기하고 싶을 때 끝까지 버티며 지속하기 위한 많은 비결을 얻게 될 것입니다. 어떤 행동이 자신의 목표를 위협하고 어떤 행동이 자신의 목표를 향해 계속 나아가도록 돕는지를 알게 될 것입니다.

이에 못지않게 당신은 이 책을 읽고 나면 보통 사람들이 좌절 상황에서 소리 지르게 만드는 어렵고 힘든 문제를 맞아 씨름할 준비를 갖게 될 것이라고 확신합니다.

목차

제1장
그릿이란 무엇인가?[1]

;

당신은 **그릿**Grit이란 말을 들어보았습니까? 2015년 신년 연설에서 당시 미국 대통령인 버락 오바마Barack Obama는 연설 중에 "우리는 큰 어려움을 겪었습니다. 다시 일어서기 위해 모든 그릿과 노력을 다 하였습니다. 앞으로도 어려움이 많을 것입니다."라고 말하면서 그릿을 언급하였습니다. 2016년 신년 연설에서도 "나는 미국이 지금까지 올

---

1   제1장은 역자가 추가한 내용이다. 독자들이 먼저 그릿이란 무엇인지 그 개념을 분명히 이해한 다음 저자가 말하는 다음 장으로 넘어가는 것이 도움이 될 것 같아서이다.

수 있었던 공정함의 목소리들과 그릿, 유머, 친절함의 비전에 영감을 받은 시민으로서 여러분과 함께 있을 것입니다."라고 말하면서 그릿을 언급하였지요. 이 연설에서 그릿이란 단어 자체가 주제어는 아니었지만 많은 단어 가운데 선택되어 쓰였다는 것이 눈여겨볼 만했고, 비영어권 사람들에게 그릿이란 단어의 뜻에 관심을 갖게 되는 계기가 되기도 했습니다.

그릿은 학계에서 2007년 **앤절라 더크워스**Angela Duckworth[2]에 의해 제안된 이후 학업, 직업, 취미, 결혼생활, 삶의 행복 등 여러 분야에서 성공과 성취를 예측하는 변인으로 주목받고 있습니다. 어떤 분야에서든 성공하려면 그릿을 키워야 한다는 거죠. 이 장에서는 도대체 그릿이란 무엇인지 그 개념적 의미를 살펴본 다음, 그릿의 효과성과 그릿을 측정하기 위해 더크워스가 개발한 도구에 대해 알아보고자 합니다.

2　Duckworth, A., Peterson, C., Matthews, M., & Kelly, D. (2007). Grit: Perseverance and passion for long-term goals. *Journal of Personality and Social Psychology, 92*(6), 1087-1101.

그릿의 의미와 구성요소

　사전에서는 그릿을 "용기와 결의, 인성의 힘"(옥스퍼드 온라인 사전), "어렵고 즐겁지 않은 어떤 것을 지속할 수 있게 해 주는 용기와 결심"(옥스퍼드 학습자 온라인 사전), "마음 혹은 정신의 강인함, 즉 어려움과 위험에 직면했을 때의 단호한 용기"(메리엄-웹스터 온라인 사전)라고 정의합니다. 우리나라 사전에서는 그릿을 "싸우고자 하는 굳센 마음 또는 쉽게 단념하지 아니 하고 끈질기게 견디어 나가는 기운"(표준국어대사전)으로 정의하고 있어 투지, 끈기, 기개氣槪, 용기와 같은 뜻으로 사용하고 있습니다. 표현상의 차이는 조금씩 있지만 그릿의 사전적 의미는 위험에 직면했을 때 갖는 용기, 강인함 등을 말한다고 볼 수 있습니다.

　그릿을 심리학적 용어로 처음 제안한 더크워스는 그릿을 장기적인 목표를 달성하기 위한 **끈기**(인내)와 **열정**이라고 정의하였고, 여기서 그릿은 목표를 달성하는 과정에서 당면할 수 있는 실패, 고난, 역경, 슬럼프에도 불구하고 좌절하지 않고 끊임없이 노력과 흥미를 유지하며 열심히 도전하는 것을 포함합니다. 따라서 그녀의 관점에서 보면 그릿이란 역경, 실패, 상충하는 목적들에도 불구하고 장기적인 목표를 달성하기 위한 끈기와 열정을 의미합니다.

린다 카플란 탈러Linda Kaplan Thaler와 로빈 코발Robin Koval은 그릿을 "어려운 환경 속에 빠져 있다고 하더라도 분투하고 기꺼이 위험을 감수하는 강한 투지, 목표를 향한 지속적인 노력, 도전을 당연하게 받아들이며 어려운 일을 성취하기 위해 열정과 끈기를 갖는 것의 결과"[3]라고 말했습니다. 요컨대, 그릿은 목표를 달성하기 위한 의지와 노력, 그리고 실패와 역경 및 장애물에 직면하더라도 포기하지 않고 지속하는 능력을 포함하는 복합 개념으로서 꾸준함과 매우 밀접한 관련을 갖고 있으며 끈기와 열정이 그 핵심 요소라고 할 수 있습니다. 따라서 그릿은 단거리 달리기sprint보다 지구력stamina과 비슷하여 마라톤과 같은 과정을 통해 성취를 이루는 점이 강조된다고 하겠습니다.

그릿이 최근 주목을 받고 있고 다양한 연구결과들이 나오고 있긴 하지만 용기, 의지, 지속력, 끈기(혹은 인내력), 자기통제, 성취욕구, 과제전념(혹은 몰입), 만족지연,

---

3   Thaler, L. K., & Koval, R. (2015). *Grit to great*. New York: Crown Business. p. 13.

성실성 등과 같은 유사한 개념들이 기존에 없었던 것은 아닙니다. 그릿의 의미를 좀 더 분명히 하기 위해서는 이와 같은 성공을 예측하는 기존의 유사 개념들과 비교해 볼 필요가 있습니다. 그중 몇 가지만 살펴보면 다음과 같습니다.

자기통제self-control는 자신의 인지나 정서, 행동을 원하는 대로 조절할 수 있는 능력 혹은 보다 가치 있는 만족을 추구하기 위해 즉각적인 만족을 지연시키기거나 충동성을 억제하는 능력으로, 목표를 위해 인내를 갖고 행동이나 감정을 조절해야 한다는 점에서 그릿과 비슷한 성격을 가지고 있으며 실제로 두 개념은 높은 상관이 있는 것으로 보고되고 있습니다. 그렇지만 자기통제는 일상에서의 선택 과정과 밀접한 관련이 있는 반면, 그릿은 성취하는 데 오래 시간이 걸리는 특별한 성취들과 관련이 있습니다. 자기통제가 부족한 경우에는 선택의 상황에서 즉각적인 만족을 주는 것을 택할 수 있지만, 그릿이 부족한 경우에는 기존의 목표 대신에 빠른 성공이 가능한 다른 상위 목표를 택하거나 달리 방법이 없는 것으로 여겨 포기하기 쉽습니다. 또한 자기통제는 훈련과 연습을 통해 길러질 수 있는 기술이고 주변에 존재하는 유혹이나 방해와 같은 일상적인 상황에 적용되는 반면, 그릿은 의지와 같은 동기적인 측면과 많은 연관성이 있으며 중도 탈락이 적용되는 어렵고 도전적인 상황에 특히 적용됩니다.

성취욕구achievement need는 자신이 원하는 것을 이루려는 욕구 및 자신의 능력을 최대한 발휘하여 자신의 가치를 높이려는 욕구를 말합니다. 이러한 성취욕구가 높은 사람들은 성취하기 위하여 계획적으로 열심히 일하지만 이러한 노력은 성과에 의존하는 경우가 많고, 즉각적인 만족이나 보상을 추구하고, 과제의 성격이나 난이도에 따라 행동을 선택하게 되며, 어떤 일을 잘하게 되거나 좋은 평판을 얻으면 지속하지만 그렇지 않을 때는 중단하기도 합니다. 반면에, 그릿은 긍정적 피드백이 뒤따르지 않더라도 그리고 눈에 보이는 성과에 연연하지 않고 장기적인 목표를 위해 지속적으로 노력하는 특성이며, 의존적이 아닌 자발적으로 행동하고 일하는 측면을 강조합니다.

사람들에게 공통적으로 존재하는 성격의 5요인(Big Five), 즉 경험에 대한 개방성, 성실성, 외향성, 친화성, 신경증 중에서 **성실성**conscientiousness은 목표를 성취하기 위해 노력하는 성향으로, 계획을 세우고 조직화하며 준비 등에 책임감을 갖는 것을 말합니다. 그릿에 관한 메타분

석을 실시한 연구[4]에서 성실성과 그릿은 상관이 높게 나타나 명확한 차이점이 없었으며, 더크워스 역시 그릿을 성실성의 큰 테두리 안에 있는 특성의 하나로 인정하고 있습니다. 그러나 그릿은 성실성보다 직업과 훈련 등에서의 유지-변경 혹은 탈락 등과 같은 상황에서 예측 가능성이 더 높은 것으로 보고되고 있습니다. 성실한 사람은 맡은 일을 열심히 노력한 반면, 그릿이 높은 사람은 하나의 목표를 정하면 목표를 쉽게 바꾸거나 포기하지 않고 지속해서 노력합니다. 다시 말해, 성실성이 높은 사람은 이루고자 하는 목표를 세우지 않아도 자신에게 주어진 일이 당장의 이루고자 하는 목표가 되어 우선 열심히 하며 실행해 나갈 가능성이 크지만, 이러한 성실성이 장기적이고 일관된 목표를 명확하게 하는 것에는 한계가 있습니다. 반면, 그릿이 높은 사람은 장기적인 목표를 세우는 것을 우선하고 그에 따른 단계적이고 순차적인 목표를 정하여 이를 향해 꾸준하고 열심히 노력하는 경향이 있습니다.

이처럼 그릿은 성공을 예측하는 자기통제, 성취욕구,

---

4   Crede, M., Tynan, M., & Harms, P. (2016). Much ado about grit: A meta-analytic synthesis of the grit literature. *Journal of Personalty and Social Psychology*, *113*(3), 492-511.

성실성 등과 같은 다른 개념들과 유사한 특징을 갖고 있는 면도 있지만, 장기적인 목표를 향하여 오래 기간 동안 노력을 지속한다는 점과 그러한 노력을 지속하는 동안 당장의 성과나 반응에 의존적이지 않으면서 흥미와 관심 등의 역할을 강조한다는 점에서 다른 개념들과는 차이가 있습니다.

그러면 이러한 의미의 그릿은 어떤 요소로 구성되어 있을까요? 그릿을 구성하는 요소에 대해서는 학자들마다 혹은 연구자들마다 약간의 차이를 보이고 있습니다. 더크워스에 따르면 그릿은 장기적 목표를 위해 당장의 유혹을 참고 견디는 것(자기통제self-control), 환경에 적응하기 위해 스스로 자신의 반응을 바꾸고 과제 수행에 방해되는 인지와 정서 및 행동을 변화시키는 것(자기조절self-regulation), 목표를 이루어 나가는 과정에서 역경과 실패에 직면해도 포기하지 않고 과제를 꾸준히 계속해 나가는 것(과제지속 perseverance of task)을 포함하는 개념이며, 따라서 그릿은 목표 달성을 위해 긴 시간에 걸쳐 인내하고 꾸준히 노력을 기울이는 **노력지속**perseverance of effort인 '끈기'와 자신이 이루고자 하는 목표 및 과제에 대한 관심과 식지 않는 열정을 유지해 나가는 **흥미유지**consistency of interest인 '열정'이라고 하는 서로 구분되는 두 개의 요인으로 구성된다고 보았습니다.

끈기는 꾸준한 연습과 희망이라는 심리적 자산과 관련이 되고, 열정은 흥미와 목적이라는 심리적 자산과 관련이 됩니다. 꾸준한 연습은 어제보다 나은 뭔가를 위해서 매일 연습하며 단련하는 것이고, 희망은 역경에도 불구하고 탁월함을 추구하기 위해서 이러한 역경이 사그라지고 결과적으로 이겨낼 것이라는 믿음이며, 흥미는 자신이 하는 것을 진정으로 즐기는 것에서 시작되고, 목적은 자신의 일이 소중하다는 확신을 갖도록 해 줍니다.

탈러와 코발은 앞에서 인용한 그들의 저서에서 배짱과 용기로 중도에 포기하지 않고 죽자고 열심히 하는 것인 근성guts, 실패를 겪은 후에 다시 회복하여 돌아오는 회복탄력성resilience, 활발하게 만들고 움직이게 만드는 것인 진취성initiative, 목표를 향해 집중을 유지하는 끈질긴 능력인 끈기tenacity의 영문 첫 글자를 조합하여 GRIT이라 표현하였습니다. 이러한 네 가지 요소가 그릿과 관련된 가장 두드러진 특성이라고 보았던 것이죠.

김주환[5]은 그릿을 자신이 세운 목표를 성취하기 위해 열정을 가지고 어려움을 극복하며 지속적인 노력을 기울일 수 있는 마음의 근력이라 정의하였습니다. 그러면서 이를 갖추기 위해 필요한 것은 스스로 노력하면 더 잘할 수 있으리라는 능력성장의 믿음growth mindset, 역경과 어려움을 오히려 도약의 발판으로 삼는 회복탄력성resilience, 자기가 하는 일 자체가 재미있고 좋아서 하는 내재동기intrinsic motivation, 목표를 향해 불굴의 의지로 끊임없이 도전하는 끈기tenacity이고, 이 구성요소들을 모아서 GRIT이라고 표현하였습니다.

굿인B. Goodwin과 밀러K. Miller[6]는 그릿이 가지고 있는 성격에 집중하여 어디로 어떻게 가야 하는지 아는 목표지향성goal-orientation과 목표를 성취하기 위해 강한 의지를 갖는 동기motivation, 과제에 집중하고 방해를 물리칠 수 있는 자기통제self-control, 그리고 실패를 배울 수 있는 기회로 보고 도전을 즐기는 긍정 마인드셋positive mindset이 그릿의 구성요소라고 말했습니다.

---

5   김주환(2013). GRIT 그릿. 경기: 쌤앤파커스.
6   Goodwin, B., & Miller, K. (2013). Grit plus talent equal student success. *Educational Leadership, 71*(1), 74-76.

이 외에도 지속해 나가기, 낙관적인 면을 바라보며 긍정에 집중하기, 끝까지 오르기, 거절과 패배를 의식하지 않기, 다시 일어서고 조직하고 새롭게 시작하기 등 다양한 기술, 역량, 인성의 결합을 그릿으로 보는 연구결과도 있습니다. 이처럼 그릿은 단일개념이 아닌 여러 구성요소가 결합된 복합개념임을 알 수 있으며, 끈기와 열정이 그릿의 **내용 측면**에 해당하는 핵심 구성요소이고, 목표와 회복탄력성 및 긍정 마인드셋이 그릿의 **성격 측면**에 해당하는 구성요소로 동기와 연관이 깊다는 것을 알 수 있습니다.

그릿과 재능, 목표, 몰입과의 관계

그릿은 잠재력을 능력으로 발현시킬 수 있는 매개로 볼 수 있습니다. 그릿이 선천적인 재능, 환경, IQ 등 잠재력이 없어도 끈기와 열정만 있다면 성공을 예측한다는 것이 아니라, 그릿의 노력과 열정을 통해 잠재력을 실제 능력으로 이끌어 주는 것을 말합니다.

더크워스와 제임스 그로스James Gross[7]는 재능이 어떻게 성취에로 이끄는가를 설명하기 위해 **재능**talent × **노력**effort = **능력**skill, **능력** × **노력** = **성취**achievement라고 하는 두 개의 방정식을 제안하였습니다. 노력이 두 방정식에 모두 포함되어 있음을 알 수 있고, 이 방정식을 (재능 × 노력) × 노력 = 성취, 혹은 재능 × 노력^2 = 성취와 같이 나타낼 수 있습니다. 재능은 노력이 더해져 능력이 되고, 그렇게 형성된 능력은 다시 노력을 거쳐 비로소 목표를 성취하는 것으로 보았던 거죠. 이는 개인마다 내재되어 있는 잠재력을 실제 능력으로 어느 만큼 발현시킬 수 있는가를 예측하는 요인이 노력이라는 점을 시사해 주고 있습니다.

목표를 상위목표, 중간목표, 하위목표 등 위계적 목표로 구조화하여 볼 때 최고 상위목표는 다른 목적을 이루기 위한 수단이 아닌 그 자체로 목적이고 최종목표이며 매우 추상적이고 일반적인 것입니다. 이는 모든 하위목표에 방향과 의미를 제공하는 토대가 되는 반면, 그 밑의 중간목표와 하위목표는 최고 상위목표를 달성하기 위한 구

---

7   Duckworth, A. L., & Gross, J. J. (2014). Self-control and grit: Related but separable determinants of success. *Current Directions in Psychological Science*, *23*, 319-325

체적이고 현실적인 목표라 할 수 있습니다. 그릿은 자신이 이루고 싶은 최고 상위목표를 유지시켜 주고 그 밑의 하위목표의 우선순위와 위계화를 튼튼하게 만들어 줍니다. 그릿이 높은 사람은 중간목표와 하위목표에 대해 목표들의 위계화와 우선순위를 확실하게 만들며, 최고 상위목표를 달성하기에 더 적합한 하위목표가 있다면 계획을 변경합니다.

열정적으로 목표를 추구하고 유지하는 것이 그릿의 특성임을 고려할 때 끈기와 열정의 그릿은 **목표에의 전념** commitment을 나타내는 목표인식을 명확하게 하고 견고히 하여 그 결과 목표달성을 위한 행동과 결과가 높아질 수 있습니다.

그릿이 높은 사람일수록 탁월한 수준의 성취를 보이고, 직업을 오래 유지하고, 군복무를 성공적으로 마치고, 결혼생활을 오래 유지할 수 있으며, 삶에서 무엇을 추구하는가에 대한 행복 지향성의 유형 중 쾌락보다는 의미나 참여를 추구한다고 합니다.

이는 그릿이 **몰입**과 관련 있기 때문으로 보고 있습니다. 몰입은 활동의 즐거움으로 인하여 그 행위에 완전히 집중하고 있는 상태를 말하는데, 인생에서 몰두할 만한 대상을 찾고 이에 몰입하고자 하는 사람들이 높은 그릿을 가지고 있다고 합니다. 몰입을 추구하는 사람일수록 도전적인 과제를 두려워하지 않고 끈기 있게 연습을 거듭하기 때문에 그릿과 몰입은 밀접한 관련성을 갖고 있습니다.

그릿에서 대상에 대한 열정인 흥미유지는 외부의 영향에 의해서가 아니라 대상의 본질 그 자체에 끌림으로써 발생하는 내재동기와 유사성을 가진다고 할 수 있는데, 내재동기가 높은 경우 동기가 보다 자기결정적이거나 과제 자체에 대한 숙달목표를 추구하여 몰입이 높아질 수 있습니다. 그리고 몰입에 필요한 조건은 도전과 기술의 적절한 조화인데, 도전적 과제를 수행할 정도의 수준으로 지식과 기술이 성장하기 위해서는 연습과 노력이 필요합니다. 따라서 그릿의 특성인 끈기, 즉 노력지속은 몰입과 유의한 관계를 가진다고 추정해 볼 수 있습니다.

그릿과 관련하여 유의해야 할 점은 그릿이 모든 상황에서 적응해야 하고 단순히 항상 노력을 지속해야 한다는 것을 뜻하지는 않는다는 것입니다. 상황에 따라 때때로 다른 시도를 해 보고 도전하는 것이 필요할 때가 분명 존재합니다. 실제로 그릿을 강조한 더크워스도 아이들의 성장과 발달을 위하여 심리학을 연구하는 장기적인 목적을 설정하기 전에 많은 직업을 그만두었고 다양한 일을 거쳤답니다. 진정으로 그릿을 갖추었다는 것은 어려움이 있을 때 다시 일어설 수 있고 자신에게 의미가 있고 최선을 다할 수 있다고 생각하는 목적과 목표를 찾아 세우며 이를 위해 끊임없이 노력하는 것을 의미하는 것이지, 결과가 이미 명백하게 드러난 상황에서 이른바 벽에 머리를 부딪치는 무모한 끈질김을 의미하는 것은 아니랍니다.

당신의 그릿 점수는?

그릿이 높은 사람들은 자신이 설정한 목표를 성취하고자 오래 기간 동안 흥미를 가지고 다양한 상황 변화에서도 쉽게 좌절하지 않고 꾸준히 노력하는 경향을 보이는 반면, 그릿이 낮은 사람들은 흥미를 오래 지속시키지 못하고 자주 목표가 바뀌는 경향을 보입니다.

그릿이 높은 사람들에게 공통적으로 나타나는 심리적 특성이 앞서 언급한 **심리적 자산**인 흥미, 연습, 목적, 희망입니다. 흥미는 자기 일에 푹 빠져 있고 일에서 의미를 발견하는 것이고, 연습은 온 힘을 다해 집중하면서 반복적으로 연습해야 지금보다 나아진다는 생각을 가지는 것이고, 목적은 현재 자신의 일이 중요하다는 확신이 열정을 유지시킬 수 있다는 것이며, 희망은 위기에 대처하게 해주는 끈기를 말하고 상황이 어렵거나 의심이 들 때도 계속 앞으로 나아갈 수 있는 힘을 말합니다.

그릿이 높은 사람인지 낮은 사람인지를 알아보기 위해 더크워스와 그녀의 동료들은 그릿의 구성요소인 흥미유지의 열정과 노력지속의 끈기를 중심으로 측정 도구를 개발하였습니다. 2007년에 개발한 **그릿검사**Grit-O[8]는 두 요소에서 6가지씩 총 12가지의 질문으로 구성되어 있으며, 5점 척도(매우 그렇다, 대체로 그렇다, 조금 그렇다, 대체로 아니다, 전혀 아니다)로 되어 있습니다. 그 후 2009년에 신뢰도와 타당도를 더욱 높이기 위해 몇 가지 질문을 제외한 **간편형 그릿검사**Grit-S[9]를 개발하였고, 이 간편형 그릿검사가 기존의 검사Grit-O보다 각 상황에서의 예측타당도가 더 높다는 것을 밝혔습니다. 또한 끈기와 열정 각각의 요소

8   Duckworth, A. L., Peterson, C., Matthews, M. D., & Kelly, D. R. (2007). Grit: Perseverance and passion for long-term goals. *Journal of Personality and Social Psychology, 9*, 1087-1101.
9   Duckworth, A. L., & Quinn, P. D. (2009). Development and validation of the Short Grit Scale (Grit-S). *Journal of Personality Assessment, 91*, 166-174.

가 예측을 더 잘하는 부분이 있음을 밝혔는데, 끈기는 성적과 교외 활동, 청소년들의 TV 시청 시간 등을 잘 예측하였고, 열정은 직업 변화, 대회 결승 진출자를 더 잘 예측하였습니다.

가장 최근의 그릿검사는 2016년에 출간한 더크워스의 저서[10]에 소개된 것으로, 이전 검사들의 질문 내용을 다소 수정하여 10가지 질문으로 만들었습니다. 전체 질문에 답한 후 10으로 나누면 자신의 그릿 점수가 되고, 질문 가운데 홀수에 해당하는 질문은 열정을, 짝수에 해당하는 질문은 끈기를 측정하는 질문이며, 각 해당 영역의 점수를 더한 후 5로 나누면 자신의 요소별 점수가 됩니다. 별표 (*)로 표시된 질문은 역산으로 처리합니다. 최고 점수는 5점(그릿이 매우 높음)이고, 최하 점수는 1점(그릿이 매우 낮음)입니다.

질문에 응답할 때 유의해야 할 사항은 각 질문에 대해 너무 깊게 생각하여 응답해서는 안 되고, 판단의 기준을 세상의 대부분의 일반적인 사람들에 두어야 하며 주변의 동료, 친구, 가족 등 잘 알고 있는 사람들과 비교하여 자

---

10 Duckworth, A. L. (2016). *Grit: The power of passion and perseverance*. New York: Scribner.

신을 평가해서는 안 된다는 것입니다. 그 이유는 집단의 성격에 따라 자신을 상대적으로 높게 혹은 낮게 측정할 가능성이 있기 때문입니다. 또한 질문에 맞거나 틀린 응답은 없으므로 솔직하게 응답해야 합니다.

다음 쪽에 10개의 질문으로 구성된 최근의 그릿검사를 제시했습니다(〈표 1〉 참조). 당신의 그릿이 높은지 낮은지를 평가해 보세요. '매우 그렇다'면 5에, '대체로 그렇다'면 4에, '조금 그렇다'면 3에, '대체로 아니다'면 2에, 그리고 '전혀 아니다'면 1에 ○표 하십시오.

당신은 그릿이 높은 사람인가요, 아니면 낮은 사람인가요? 그릿은 연습과 노력에 의해 얼마든지 향상될 수 있으니, 다음 장들을 통해 그릿을 키우기 위한 이해의 지평을 열어가고 방법을 찾아서 보다 끈기 있고 보다 열정 있는 삶을 실천하여 성공과 행복의 반열에 올라서길 바랍니다.

<표 1> 그릿검사

질문내용	5점 척도
1. 나는 새로운 생각이나 일 때문에 원래 하고 있는 생각이나 일을 방해받은 적이 있다.(*)	5 4 3 2 1
2. 나는 실패해도 낙담하지 않는다. 나는 쉽게 포기하지 않는다.	5 4 3 2 1
3. 나는 종종 어떤 목표를 세우지만 그 뒤에 다른 목표를 추구하기로 선택한다.(*)	5 4 3 2 1
4. 나는 열심히 노력하는 사람이다.	5 4 3 2 1
5. 나는 완성하는 데 몇 개월 이상 걸리는 일에 계속 집중하기가 어렵다.(*)	5 4 3 2 1
6. 나는 무엇이든 시작하면 끝을 맺는다.	5 4 3 2 1
7. 나의 흥미와 관심은 매년 달라진다.(*)	5 4 3 2 1
8. 나는 근면 성실하다. 나는 결코 포기하지 않는다.	5 4 3 2 1
9. 나는 어떤 생각이나 일에 잠깐 사로잡혔다가 곧 흥미를 잃어버린다.(*)	5 4 3 2 1
10. 나는 힘든 도전을 이겨내기 위해 어려움을 극복한 적이 있다.	5 4 3 2 1

📄 요약 및 복습

1. 그릿은 2007년 앤절라 더크워스에 의해 제안된 이후 학업, 직업, 취미, 결혼생활, 삶의 행복 등 여러 분야에서 성공과 성취를 예측하는 변인으로 주목받고 있습니다. 그릿은 목표를 달성하기 위한 의지와 노력, 그리고 실패와 역경 및 장애물에 직면하더라도 포기하지 않고 지속하는 능력을 포함하고 있는 복합 개념으로, 꾸준함과 매우 밀접한 관련이 있으며 끈기와 열정이 그 핵심 요소입니다.

2. 앤절라 더크워스와 제임스 그로스는 재능이 어떻게 성취에로 이끄는가를 설명하기 위해 재능 × 노력 = 능력, 능력 × 노력 = 성취라고 하는 두 개의 방정식을 제안하였습니다. 이 방정식을 (재능 × 노력) × 노력 = 성취, 혹은 재능 × 노력^2 = 성취와 같이 나타낼 수 있습니다. 재능은 노력이 더해져 능력이 되고, 그렇게 형성된 능력은 다시 노력을 거쳐 비로소 목표를 성취하는 것으로 보았던 것입니다.

3. 그릿은 목표에의 전념을 나타내는 목표인식을 명확하게 하고 견고히 하여 그 결과 목표달성을 위한 행동과 결과가 높아질 수 있습니다. 몰입을 추구하는 사람일수록 도전적인 과제를 두려워하지 않고 끈기 있게 연습을 거듭하기 때문에 그릿과 몰입은 밀접한 관련성을 갖고 있습니다.

4. 더크워스와 그녀의 동료들은 그릿의 구성요소인 흥미유지인 열정과 노력지속인 끈기를 중심으로 그릿을 측정하는 도구를 개발하였습니다. 2007년에 개발한 그릿검사(Grit-O), 2009년에 개발한 그릿검사(Grit-S), 그리고 이들 검사의 질문 내용을 다소 수정하여 10개의 질문으로 구성하여 2016년에 출간한 그녀의 저서에 소개한 것이 있습니다. 이러한 그릿검사를 이용해서 당신의 그릿 수준이 어떠한지 알아보십시오.

제2장
때론 지속하는 것만이 능사가 아니다 :
흥미와 열정이 없다면 과감히 포기하라

;

당신이 나쁜 행위를 수행하고 있다면 그릿은 당신에게 소용이 되지 못합니다. 맹목적인 지속력은 때때로 당신이 추구하는 목표의 성취를 억제하기도 합니다.

베스트셀러 작가인 세스 고딘Seth Godin은 그의 저서 《더 딥》[1]에서 당신이 최선을 다해 노력을 기울이지 않는다면 그만두는 게 낫다고 지적하고 있습니다.

따라서 당신이 포기하지 않고 끝까지 계속해 나가는

---

1   Godin, S. (2011). *The dip: The extraordinary benefits of knowing when to quit (and when to stick)*. New York: PORTFOLIO.

방법을 알기 전에 먼저 스스로에게 던져야 하는 가장 중요한 질문은 "힘들지만 내가 지속해 나가야 하는가 아니면 포기해야 하는가?"입니다. 당신이 이 질문에 대한 답을 찾길 원한다면 먼저 **딥**dip의 개념에 대해 좀 더 알아볼 필요가 있습니다.

딥에 대한 이해

딥은 시작과 성공 사이에 놓인 좌절과 침체의 시기를 의미하는 것으로, 어떤 일이든 숙달되기 전에 반드시 겪어야 하는 길고 지루한 과정입니다. 인생에서 해 볼 만한 가치가 있는 일에는 거의 모두 딥이 놓여 있지요. [그림 1]은 딥의 개념을 잘 설명해 주고 있습니다.

당신이 어떤 일을 처음 시작할 때는 짧은 기간에 급격히 성장하는 것을 즐기게 됩니다. 당신이 첫 시도에서 1~2kg의 체중감량을 했을 때, 물건을 처음으로 판매했을 때, 외국어 학습에서 첫 문장을 말하게 되었을 때, 혹은 오토바이를 타고 첫 1km를 달려갔을 때 마냥 즐겁기만 했던 기억이 있을 겁니다.

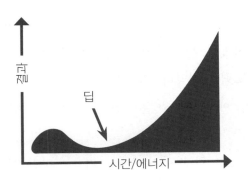

[그림 1] 딥의 개념

    이처럼 처음의 기분 좋은 기간이 지나고 나면 사태가 점점 어려워지죠. 이제는 더 이상 향상되지 않으며 심지어 악화되기도 하지요. 당신이 꼼짝 못하는 기분을 갖게 되면 역경과 장애물을 헤쳐 나갈 수 없게 됩니다.

    세스 고딘은 만일 무언가가 행할 만한 가치가 있다면 거기엔 딥을 경험하게 될 것이라고 말합니다. 딥은 결핍을 야기하지만, 이것은 그것을 참고 견딘 일부 사람만이 소유하게 되는 특별한 가치로 이끌기도 한답니다.

    딥을 참고 견디어 나갈수록 성공에 좀 더 가까워지게 됩니다. 그렇지만 딥에 빠져 있는 자기 자신을 발견한 대다수의 사람들은 그것에서 벗어날 수 있기 전에 미리 포기해 버리죠.

어떤 경우엔 그들은 올바른 결정을 하기도 하고, 애초부터 하지 말았어야 할 어떤 일에 다른 방법으로 소비할 시간과 노력을 절약하기도 합니다. 또 다른 경우엔 그들은 그동안 애써 진행해 온 모든 것을 내던져 버리기도 합니다.

당신은 포기할 것인지 아니면 지속해 나갈지를 어떻게 판단하고 결정하나요? 이에 대한 대답을 위해서는 몇 가지 질문이 있습니다.

언제 포기해야 하는가?

딥 상황에서 그만두는 것은 나쁜 생각인 것처럼 보입니다. 왜냐하면 결국 무언가를 행하기 위해 이미 많은 시간과 노력을 투자했기 때문이죠. 그러나 우리 인간은 생각만큼 그리 이성적으로 행동하지는 않습니다. 지속력은 항상 당신의 모든 문제에 대한 정답은 아닙니다.

성공에 이르는 길에 놓인 딥과 **컬드색**cul-de-sec을 구분해야 합니다. '막다른 길'이라는 의미의 프랑스어인 컬드색은 아무리 노력해도 나아질 수 없는 상황을 말합니다.

컬드색은 당신이 결코 성공할 수 없는 일일 뿐만 아니라 성공할 수 있는 다른 일을 하는 것을 가로막기도 하기 때문에 한시라도 빨리 벗어나야 하는 함정입니다. 따라서 당신이 컬드색에 빠지면 거기에 빠졌다는 것을 인정하고 거기서 빨리 벗어나도록 해야 합니다. 조금도 나아질 가망성이 없는 일로 낭비하기에는 당신의 인생이 너무도 아깝기 때문입니다.

당신이 이 장을 건너뛰기 전에, 그리고 자기 자신에게 틀림없이 포기하지 않고 지속할 것이라고 말하기 전에, 먼저 **매몰비용 오류**sunk cost fallacy를 생각해 보십시오. 매몰비용이란 이미 지출되어 회수할 수 없는 비용을 이르는 말로, 이미 지불한 비용이 아까워서 다른 합리적인 선택에 제약을 받는 것을 말합니다. 다시 말해, 돈이나 노력, 시간 등을 투입했다면 일단 그것을 지속하려는 심리를 매몰비용 오류라고 합니다.

콩코드Concorde 개발은 매몰비용에 집착하여 비합리적 결정을 내린 매몰비용 오류의 대표적인 사례로 꼽힙니다. 콩코드는 영국과 프랑스가 함께 개발하여 1969년에 선보인 초음속 비행기입니다. 1976년부터 상업 비행을 시작했으나 소음과 연료소모가 심한 데다 좌석 수가 100여 석밖에 되지 않아 경제성이 없다는 평가를 받았는데도 콩코드 프로젝트는 계속되었지요. 결국엔 막대한 비용과 시간을 들인 끝에 2003년에야 운행이 중지되었습니다. 이런 이유로 매몰비용 오류를 '콩코드 오류'라 부르기도 한답니다.

마찬가지로, 개인적인 입장에서도 자신이 가는 길이나 일이 잘못되었음을 발견하더라도 다시 시작하기에는 지금까지 기울였던 모든 것이 너무나 아깝다는 생각이 자신의 또 다른 생각을 하지 못하도록 붙들기도 합니다. 이 매몰비용 오류에 직면한 개인이 지금까지의 지나온 모든 일들이 정말 맞고 그 이상의 다른 최선의 방법이 없다면 굳이 그만둘 이유는 없을 것입니다. 하지만 지금까지 들인 비용과 시간이 앞으로의 가야 할 방향에 맞지 않고 다른 방향이 더 나은 최상의 길이라면 지금까지의 모든 것을 내려놓는 것이 앞으로의 일을 하는 데 오히려 더 현명한 처사라 할 수 있습니다.

만일 당신이 대부분의 성인들이 그러하듯 '낭비하지 말라.'라는 철학을 믿고 있다면, 당신은 이러한 편견(연구에서 지적하듯이 아이들은 그렇지 않습니다[2])에 영향을 받고 있는 것입니다. 당신이 대학에 들어갔지만 1년 후 계속 대학에 다녀야 하는 동기가 사라졌다고 합시다. 그러면 더 이상 흥미와 열정을 갖고 있지 않는 일에 매달리기보다는 그만두는 것이 보다 현명한 결정일 것입니다. 그렇지만 대부분의 사람들은 1년간 공부에 투자한 시간과 등록금 때문에 대학 다니는 것을 그만두지 못하고 계속 다니게 됩니다. 비록 계속 대학을 다니는 것이 훨씬 더 많은 낭비를 가져온다 할지라도 많은 사람은 계속 대학을 다니는 비합리적인 결정을 합니다.

따라서 당신이 스스로에게 던져야 할 첫 번째 질문은 이미 투자한 것 때문에 그저 일을 계속하기를 원하고 있는 것은 아닌가입니다. 만일 그것이 당신의 주된 혹은 유일한 동기라고 한다면 지금 당장 그만두는 것이 더 나은 선택일 것입니다.

세스 고딘은 당신이 성취하고 싶은 것을 세계 최고 수준으로 되도록 하기 위해 충분히 투자하지 않는다면 그만두는 게 낫다고 주장합니다. 당신이 '이 정도면 됐지.' 하고 보통 수준에 안주하고 있다면 그만두기로 결정하는 것이 보다 이득이 될 것입니다.

---

2   Arkes, H. R., & Ayton, P. (1999). The sunk cost and Concorde effects: Are humans less rational than lower animals? *Psychological Bulletin*, *125*(5), 591-600.

일과 삶에 있어서 성공한 사람들은 모두 컬드색을 빠르게 포기하는 배짱과 능력을 가진 자들입니다. 사실 딥과 컬드색을 구분하는 것 자체는 어려운 일이 아닙니다. 어려운 것은 자신이 처한 상황이 컬드색이라는 것을 알았을 때 실패자가 될까 두려워 그저 발만 동동 구르는 것이 아니라 과감히 포기하는 일입니다. 현명하게 포기하는 것이야말로 실패를 피하는 좋은 방법의 하나죠.

베스트셀러 작가이자 억만장자인 리처드 코치Richard Koch는 그의 저서 《80 대 20 법칙으로 살기》[3]에서 성공의 열쇠는 집중력을 자기 자신의 개성을 잘 반영하고 있는 일에 한정하여 기울이는 것이라고 했습니다. 즉, 80%가량의 성과는 20% 정도의 집중에서 발생하며, 이 20%의 핵심을 찾아 그것에 적극적으로 매달리며 실천하라는 것입니다. 당신은 모든 일에 최선을 다할 수는 없으며, 지속력은 당신이 가장 최선의 것에 집중할 때 가장 큰 배당금을 지불합니다.

코치와 고딘의 입장은 자신의 진로에 대한 크고 원대

---

3   Koch, R. (2011). *Living the 80/20 way: Work less, worry less, succeed more, enjoy more* (new ed.). London: Nicholas Brealey Publishing. 국내에서는 《적게 일하고 잘사는 기술》(박미연 역, 2019, 트로이목마)이란 제목으로 번역·출간되었다.

한 목표를 성취하고 싶은 사람들에게는 타당하지만, 세계 최고의 성취자가 아닌 외국어의 습득이나 부가적인 기술의 습득과 같은 보다 작은 목표를 성취하고 싶은 사람들에게는 반드시 적용되는 것이 아닙니다.

당신이 성취하고 싶은 것을 세계 최고 수준으로 이룰수 없다는 것을 깨달았을 경우 그것을 그만두기 전에 당신 스스로에게 왜 그것을 행하고 있는가를 질문해 보십시오. 당신이 유창한 스페인어 연사가 결코 되지는 못할지라도 당신의 기본적인 의사소통기술은 스페인어를 사용하는 국가들을 여행하기에는 충분할 것입니다. 반면, 당신의 목표가 외과의사가 되는 것이지만 세계에서 최고 외과의사가 되는 것을 열망하지 않는다면 당신 자신에게 그리고 다른 사람들에게 유익한 다른 일을 하고 외과의사가 되는 것을 포기하십시오.

끝까지 버티며 지속해 나갈 것인지 아니면 포기할 것인지 판단하고 결정할 때 고려해야 할 마지막 사항은 당신이 여전히 그 과정과 목표를 향한 열정을 갖고 있는가를 당신 스스로에게 물어보는 것입니다.

단기간의 낙담(성공한 사람들 모두에게는 아니지만 대다수에게 발생하는)은 장기적인 열정의 결여 및 비전의 상실과는 차이가 있습니다. 만일 당신의 비전이 더 이상 당신을 분발하게 하지 못한다면, 그리고 그 비전이 당신이 현재 분투하고 있는 것의 결과가 아니라 전혀 다른 무엇이라고 한다면, 그 비전을 고수하기보다는 포기하는 것이 보다 나은 이득의 결과를 가져올 것입니다.

그러므로 당신이 침체나 좌절에 빠졌을 때 그 고난이 당신의 시간과 노력, 재능을 쏟아부을 만한 가치가 있는 딥인지, 아니면 결코 뚫고 나갈 수 없는 막다른 길인 컬드색인지를 파악하십시오. 만일 그것이 딥이라면 포기하지 말고 끝까지 버티며 지속해 나가고, 반면 그것이 컬드색이라면 당장 포기하고 올바른 것을 찾아나서는 용기를 가지세요. 포기할 만한 배짱이 없는 일로 분주할 때 당신은 실패하기 십상입니다.

내가 포기했을 때(그리고 올바른 선택을 했을 때)의 몇 가지 예

전략적으로 어떻게 그만두어야 하는가에 대한 보다 나은 이해를 돕기 위해서 나는 내가 살면서 경험했던 몇 가지 예를 당신과 함께 나누고자 합니다.

내가 존경하는 성공한 사람들은 대부분이 프로그래밍을 할 수 있어서 나는 프로그래밍을 발전시켜야 할 유용한 기술이라고 생각했습니다. 그래서 프로그래밍 강좌에 등록하여 프로그래밍의 기초를 배우는 데 여러 날을 투자하였죠. 처음엔 재미가 있었던 것이 얼마 되지 않아 상당한 혼란과 좌절을 불러왔습니다.

나는 기술technology이 결코 나의 특기와 강점이 아니며 나의 특기와 강점은 기술이 아닌 딴 데 있다는 것을 알게 되자 며칠 후에 프로그래밍 배우는 것을 그만두었습니다. 만일 내가 지금 이 사실을 알았더라면 시작조차 하지 않았을 것입니다. 프로그래밍을 계속 배웠더라면 나는 보통 수준에도 미치지 못했을 것입니다. 사실 나는 프로그래밍의 기초조차도 거의 이해하지 못했죠. 프로그래밍 기술은 내가 갖고 있는 지식이나 기능, 흥미와는 거리가 먼 것이었고 배우려고 계속했다면 실패로 끝날 운명의 프로젝트였던 것입니다.

나에게 현실적인 목표, 즉 보통 수준의 프로그래머가 되는 것은 나를 만족시키지 못할 것이기 때문에 그만 포기하는 것이 나은 선택이었습니다.

프로그래밍과 관련된 또 다른 예는 소프트웨어 개발 회사를 운영하려는 나의 아이디어였습니다. 그 아이디어는 처음엔 잘 진행되었죠. 그러나 그 아이디어가 많은 잠재성을 갖고 있긴 했지만 나는 계속 추진할 만큼의 충분한 열정을 발견할 수 없었습니다. 만일 당신이 고객들에게 가치를 제공하고자 하는 열정이 없다면 사업을 번창시키기 어려울 것입니다.

여러 사람들이 내가 이미 이 프로젝트에 상당한 양의 돈과 시간을 투자했기 때문에 포기하지 말고 계속 해야 된다고 말했습니다. 나는 그들의 말을 경청했지만, 이에 반한 포기를 결심했습니다. 나는 내 강점을 잘 발휘할 수 있는 훨씬 더 적합한 일에 눈을 돌려 프로그래밍과 전혀 관련이 없는 프로젝트에 집중하기 위해 시간과 에너지를 쏟아부었습니다. 이런 결정을 하지 않았다면 보다 행복해질 수 없었을 것이라 봅니다.

모든 작가들이 당신에게 책을 쓸 때 가장 힘든 부분이 이야기의 중간 부분이라고 말할 것입니다. 대부분의 작가가 글쓰기를 진행하지 못하고 힘들어하는 부분이 중간 부분이며, 그래서 작가들 중 일부는 첫 번째 작품을 끝까지 완성시키지 못하는 경우가 있습니다.

나 또한 나의 이야기를 몇 차례 중단한 적이 있지만 이 국면을 돌파하여 몇 권의 저서를 내기도 했습니다. 포기 하느냐 아니면 지속하느냐 하는 차이는 이야기와 등장인 물, 즉 책을 쓰는 '이유'에 있습니다.

만일 내가 이야기가 어떻게 진행되고 있는가를 알고 이 야기 속의 등장인물을 좋아한다면 글쓰기의 가장 힘든 부 분을 헤쳐 나갈 수 있을 것입니다. 그렇지 않으면 좌절하여 벽에 머리를 부딪치고 있을 것입니다. 내가 마음속에 전체 적인 시각을 갖고 있지 못했다면 그만 중단하는 것이 낫겠 다고 생각했을 것입니다. 만일 내가 책 쓰기를 포기하지 않 고 지속시킬 만큼의 열정이 없었다면 독자 또한 내 책을 읽 을 만큼의 충분한 열정을 갖지 못했을 것입니다.

📄 **요약 및 복습**

1. 딥은 당신이 거의 보상을 받지 못하고 끝까지 버티며 계속해야 되는 동기가 결여된 순간입니다. 이때 당신이

집념을 갖고 지속하면 할수록 더욱더 성공에 가까워집니다. 누구나 다 어떤 가치 있는 일을 할 때는 딥을 경험하게 마련이죠. 이때 지속하는 수밖에 다른 방도는 없습니다.

2. 매몰비용 오류는 당신이 포기하는 것이 더 낫다고 할지라도 계속하게 만들 수 있습니다. 만일 당신이 이미 투자한 것을 잃지 않는 것이 자신의 목표를 고집하는 유일한 동기라고 한다면 포기하는 것이 더 나을 것입니다.

3. 만일 당신이 기꺼이 최선을 다하고자 하지 않으면서 엄청난 결과를 기대하고 있다면 당장 포기하십시오. 그것은 아무리 잘 되어봐야 보통 수준의 결과를 가져다줄 뿐이므로 시간 낭비입니다.

4. 만일 당신이 더 이상 자신의 목표를 향한 열정을 갖고 있지 않다면 포기하십시오. 단기간의 낙담과 열정의 결여를 같은 걸로 착각하지 마세요. 만일 당신이 거의 아무런 즐거움 없이 여러 주 동안 자신의 목표를 향해 일해 왔다면, 그것은 더 이상 당신의 올바른 목표가 아닐 것입니다.

제3장
일상적 습관:
지속력을 갖기 위한 열쇠

;

삶에 있어서 오로지 지속력 하나만으로도 많은 것을 성취할 수 있지만 그릿에만 의존해야 할 이유가 없습니다. 당신이 수행을 위해 거의 아무런 노력을 기울이지 않아도 되는 일상적인 일에 지속력이 뒷받침된다면, 많은 **의지력**willpower을 당신 삶의 다른 영역에 자유롭게 사용하게 될 것입니다.

일상적인 일과 습관은 왜 중요하며 어떻게 하면 상황에 관계없이 당신의 삶에 지속시키도록 할 수 있을까요? 이러한 질문에 대한 답을 이 장에서 알아보고자 합니다.

남극에 최초로 도달한 사람에게 무엇을 배울 수 있는가?

1911년, 두 팀의 탐험가들이 남극에 최초로 도달하였습니다. 한 팀은 노르웨이 탐험가인 로알 아문센Roald Amundsen이 이끌었는데, 그는 일관되게 팀의 목표를 설정하였습니다. 다른 한 팀은 영국의 탐험가인 로버트 팔컨 스콧Robert Falcon Scott이 이끌었는데, 그는 외부 요인과 자신의 감정으로 말미암아 안타깝게도 자신과 팀의 탐험 결과를 비극적으로 이끌었습니다.

아문센은 간단한 일상적인 절차를 따르기로 결정하고, 그와 팀은 매일 평균 15해리만을 여행하였습니다. 이 정도는 현실적인 페이스, 즉 너무 힘들지도 않고 너무 쉬운 것도 아니었습니다. 극단적인 상황을 제외하고는 날씨가 어떠하든 그와 팀은 15해리 내지 20해리를 여행하였습니다. 나머지 시간은 침낭에서 휴식을 취하였습니다.

반면, 스콧은 팀에게 날씨가 양호할 때는 멀리 가도록 힘을 쏟게 하였고, 날씨가 험악할 때는 그의 텐트를 떠나지 않았습니다. 비유적으로 말하면 그는 완전히 세금이 부과되기 전까지는 세금을 납부하기 위해 노력할 필요가 없다고 믿었던 거죠.

아문센과 그의 팀은 처음으로 남극에 도달하였고, 남극 탐험에 관한 이야기를 전하기 위해 몇 개월 후 귀환하였습니다. 스콧과 그의 팀은 훨씬 더 고된 귀환 길에 지쳐 쓰러져 돌아오지 못하고 사망하였습니다.

두 탐험가 모두 포기하지 않고 끝까지 버티며 지속력을 보였다는 점에는 의심의 여지가 없습니다. 걸어서 남극에 도달하기란 쉬운 업적이 아닙니다. 지금도 여전히 쉬운 일이 아니죠. 그렇지만 자신과 팀에게 가능한 한 열심히 하도록 몰아세운 것이 아니라 전략적인 지속력과 적절한 휴식의 힘 덕분에 성공한 것은 아문센이었습니다.

내가 책을 쓸 때도 간단한 일상적 절차를 따르는데, 어떤 일이 생겨도 나는 날마다 3,000자를 씁니다. 비록 하루 중에 그 밖의 어떤 것을 성취하지 못한다 하더라도 나는 3,000자를 쓴 것을 생산적으로 일한 것으로 간주하고 내가 성취한 것에 대해 기분 좋게 느낍니다.

나는 쓰기를 원하는가 아니면 쓰지 않기를 원하는가를 생각하며 시간을 소비하지는 않습니다. 일상적으로 매일 양치질을 하면 치아가 깨끗해지듯이 매일 3,000자를 꾸준히 썼습니다.

나는 어떠한 예외적 사항을 만들지 않았고 책의 마지막 글을 쓰는 것이 아닌 이상 3,000자를 덜 쓰지도 않았습니다. 또 3,000자보다 훨씬 더 쓰지도 않았습니다. 내가 알기로는 하루에 3,000자보다 훨씬 더 많이 쓰게 되면 틀림없이 **소진**burn out 상태에 이르게 됩니다. 소진이란 과도한 업무로 인해 신체적, 정신적 힘이 고갈되어 일한 의욕과 동기를 잃은 탈진 상태를 말하죠.

책 쓰는 양을 적은 분량으로 세분화하여 쪼개어 추진하면 자동적인 행동처럼 매일 일정 분량을 반복하여 쓰기 때문에 책을 쓰는 힘든 과정이 훨씬 더 쉬워집니다.

이러한 단순한 습관이 나를 글을 쓰고 싶을 때만 쓰는 다른 작가들보다 10배나 빠른 속도로 글을 쓰게 만들었습니다. 영감을 위해 기다리는 것은 나에게 맞지 않습니다. 《글쓰기에 대하여》[1]라는 책을 썼던 스티븐 킹Stephen King 에게도 그렇습니다. 그는 이 저서에서 아마추어들은 글을 쓰기 위해 앉아서 영감이 떠오르길 기다리지만, 프로들은 바로 일어나서 작업하러 간다고 말했습니다.

---

1 King, S. (2000). *On writing: A memoir of the craft*. New York: Pocket Books. 국내에서는 《유혹하는 글쓰기》(김진준 역, 2017, 김영사)란 제목으로 번역·출간되었다.

일상적인 절차를 수립해서 삶을 보다 쉽게 만들기

매일 당신은 잠에서 깨면 욕실로 가서 이를 닦습니다. 당신은 이러한 일을 하기 위해서 지속력을 필요로 하나요? 당신은 이러한 일을 하고 싶지 않을 때 건너뛰나요? 매일 이러한 일을 해야만 된다고 징징거리며 불평을 하나요?

이를 닦는 것은 습관 중 하나입니다. 우리는 모두가 수백 가지는 아니더라도 수십 개의 크고 작은 습관을 갖고 있으며, 이러한 습관을 별 생각 없이 매일 반복적으로 행합니다.

어떤 활동이 습관이 되면 더 이상 그것을 반복하기 위해서 그릿을 필요로 하지 않습니다. 그것은 우리 자신의 한 부분이 되기 때문이죠. 무슨 일이 발생하더라도 우리는 이 과제를 자동적으로 수행하게 됩니다.

습관 형성에 대해 과학적으로 철저하게 조사하지 않아도(나의 저서 《자기관리법: 유혹을 뿌리치고 장기목표에 도달하기》[2]에서 보다 자세히 설명하고 있습니다), 일상적 절차를 수립하는 데는 **단서**cues와 **보상**rewards이 중요합니다.

---

2   Meadows, M. (2015). *How to build self-discipline: Resist temptations and reach your long-term goals*. Mesdows Publishing.

단서는 당신이 막 수행하려고 하는 행위를 촉발시키는 신호입니다. 보상은 동일한 행동을 계속 반복하여 당신의 일부가 될 때까지 동기를 부여하는 것입니다. 예를 들어, 3,000자를 쓰는 것은 내가 일상적인 위생관리와 운동을 한 직후에 가장 먼저 행하는 일입니다. 나는 보통 차를 한 모금 마시면서(단서) 글을 쓰기 시작합니다. 3,000자를 쓰고 나면 자유롭고 편안하게 음식을 먹고 책을 읽거나 다른 열정을 갖고 있는 일을 추구하는 데 시간을 소비합니다(보상).

당신이 성취하고 싶어 하는 모든 목표에 대해서도 이와 유사한 일상적 절차를 수립하세요. 반드시 수행을 위해서 여러 시간이 걸리도록 하는 절차여야만 하는 것은 아니랍니다.

새로운 언어를 학습할 때 10개의 새 단어를 학습하는 것일 수도 있고, 펜팔친구에게 이메일을 쓰는 것일 수도 있습니다. 어떤 새로운 기능을 학습할 때 1시간 동안 그 기능을 연습하는 것일 수 있습니다. 특정의 성과를 내기 위해서 일할 때 특정의 단어, 비디오, 사진의 개수를 헤아리는 것일 수도 있습니다.

줄이 끊어지지 않도록 하라

　미국의 유명한 코미디 배우인 제리 사인펠트Jerry Seinfeld는 자신이 코미디 순회공연을 할 때 매번 새로운 조크joke를 글로 쓰도록 스스로에게 동기부여하기 위해, 새로운 조크를 썼던 날에는 붉은색으로 크게 ×자 표시를 해두었습니다.[3] 며칠 뒤 ×자가 연속으로 짧게 줄 지어 있었고, 그 줄은 날이 갈수록 점차 길게 늘어났습니다. 몇 주 후에 그는 달력에 긴 줄이 끊어지지 않도록 해야겠다는 마음속 동기의 불꽃이 타오르면서 새로운 일상적 절차를 수립하게 되었습니다. 이처럼 그는 눈에 보이는 곳에 달력을 두고 붉은색 펜으로 그 줄을 이어감으로써 글쓰기 습관을 만들어 낸 것입니다.

　한 새내기 코미디언이 사인펠트에게 어떻게 하면 조크 실력이 더 늘어날 수 있는지 질문을 던진 적이 있었습니다. 사인펠트는 글을 쓰는 습관을 만들어야 한다고 대답했습니다. 달력을 펴고 글쓰기한 날의 칸에 줄을 긋고 다음 날에도 그 줄을 계속 이어 줄이 끊어지지 않도록 해야

3　http://lifehacker.com/281626/jerry-seinfelds-productivity-secret, Web. February 25th, 2015.

한다는 것입니다. 일명 '줄이 끊어지지 않도록 하라!Don't Break the Chain!' 프로젝트입니다. 이는 좋은 글을 쓰기 위해서는 매일 조금씩 글 쓰는 습관을 만들어야 하듯이, 삶은 습관이므로 좋은 습관을 이어가야 한다는 것을 강조한 말입니다.

하루를 건너뛰게 되면 다음 날에도 건너뛰기 쉽습니다. 당신은 줄이 끊어지지 않도록 하는 데 주의를 기울임으로써 한번 건너뛰어 포기하게 되는 위험성을 줄일 수 있습니다.

종종 이와 같은 간단한 방법이 딥의 가장 암울한 날을 참고 견디는 데 필요한 최고의 방법일 때가 있습니다. 비록 당신이 추구하는 목표를 향한 중간 지점에서 일하고 있다 하더라도 여전히 이러한 전략을 따르도록 시작할 수 있습니다. 오늘 당신의 달력에 붉은색으로 크게 ×자를 표시할 수 있도록 해 보십시오.

만일 당신이 달력을 갖고 있지 않다면 다운로드를 받아 당신의 폰에 앱app을 깔거나 간단한 스프레드시트 spreadsheet를 만드십시오.

📄 요약 및 복습

1. 일상적인 절차를 수립하여 어떤 상황이든 관계없이 따르십시오. 당신이 지속하기 위한 강점을 갖고 있을 때는 보다 길게 계속하기 위한 유혹을 뿌리치세요. 만일 당신이 극단적인 상황에 있지 않다면 일이 힘들다고 해서 휴식을 취하지 마세요. 예외 사항을 두지 말고 당신의 목표를 향해 매일 일하기 위한 규칙을 세우세요.

2. 당신의 일상적인 절차를 수립하는 것을 어떤 습관보다도 최상위에 두십시오. 당신의 행동이 보다 더 자동화될수록 저항감을 덜 느끼고 포기하지 않게 될 것입니다.

3. 가랑비에 옷 젖는다는 말이 있듯이 작은 행위조차도 매일 꾸준히 하게 되면 장기적으로는 엄청난 결과를 가져올 수 있습니다. 일관된 행위의 힘을 무시하지 마세요.

4. 당신의 목표를 향해 계속 나아간 날마다 붉은색으로 크게 ×자 표시를 하고, 그 ×자를 표시한 줄이 끊어지지 않도록 하십시오.

제4장
정신력을 개발하는 방법

;

스포츠심리학에서 정신적 강인함, 즉 **정신력**mental toughness은 어려운 상황을 다룰 수 있도록 도와주고 자신 감을 상실하지 않고 지속해 나가는 다양한 긍정적 속성을 포괄하는 개념입니다.

연구[1]에 따르면 정신력은 요구 상황에 대한 점진적인 노출에 의해서 개발될 수 있다고 합니다. 정신력 개발을 위한 이러한 간단한 연습은 당신이 포기하고 싶을 때 어

---

1   Crust, L., & Clough, P. J. (2011). Developing mental toughness: From research to practice. *Journal of Sport Psychology in Action*, *2*(1), 21-32.

떻게 대처해야 하고 중단하지 않고 지속해야 하는가를 가
르쳐 준답니다.

피로는 네 마음속에 있다

운동심리학자이자 마라토너인 엠마 로스Emma Ross가
이끌었던 연구에 따르면, 피로는 온전히 당신의 머릿속에
있습니다.[2] 경험이 많은 달리기 선수들에 관한 그녀의 연
구는, 몹시 힘든 연습 중에 더 오래 지속할 수 없게 하는
것은 근육이 아니라 움직이는 근육의 전기적 자극을 감소
시키는 뇌라는 사실을 밝혔습니다.

과학자들은 자기 자신을 손상시키거나 죽음을 연습하
게 하지 못하도록 막아주는 것이 뇌의 기제mechanism라고
추정하고 있습니다. 당신은 이러한 영향을 천천히 자신의
한계점을 밀어내고 안전지대를 넓힘으로써 지연시킬 수
있습니다. 이것은 당신의 뇌를 조금씩 점점 더 가까이 절

---

2 Ross, E., Goodall, S., Stevens, A., & Harris, I. (2010). Time course of
neuromuscular changes during running in well-trained subjects. *Medicine
& Science in Sports & Exercise*, *42*(6), 1184-1190.

벽의 가장자리로 가져가는 것과 같습니다. 일단 당신의 뇌가 아래를 내려다볼 수 있으면 당신은 절벽을 보다 높이 오르게 되고 그 과정을 되풀이하게 됩니다.

만일 당신이 운동 관련 목표를 성취하기 위해 노력하고 있지만 포기할 시점에 와 있다면, 힘이 빠진 것은 당신의 근육이 아니며 한번 더 수행할 수 있도록 도와주는 것이 당신의 뇌라는 사실을 상기하십시오. 조금씩 지속적으로 향상되면 장기간의 진전으로 이끌게 될 것이고, 이는 또한 당신의 목표를 포기하지 않도록 보장해 줄 것입니다.

나는 이러한 지식 덕분에 적어도 나의 여러 개인적 기록들을 달성할 수 있었습니다.

강인해지기 위한 다섯 가지 연습

미국 네브래스카대학교 심리학 교수인 리처드 디엔스트비에르Richard A. Dienstbier[3]에 의해 수행된 연구에서는 강

---

3   Dienstbier, R. A. (1989). Arousal and physiological toughness: Implications for mental and physical health. *Psychological Review, 96,* 84-

인해지기 위한 두 가지 방법을 제시하고 있습니다. 하나는 소극적으로 강인해지는 것이고(간헐적인 스트레스에의 노출), 다른 하나는 적극적으로 강인해지는 것입니다(운동과 같은).

차가움에의 노출

강인해지기 위한 최상의 방법 중 하나가 당신 자신을 차가움에 노출시키는 것입니다. 연구들에 의하면 차가움에의 노출은 신속하고 높은 강도의 아드레날린adrenaline 분비를 가져온다고 합니다.[4] 아드레날린은 부신수질에서 분비되는 호르몬으로, 중추로부터의 전기적 자극에 의해 교감신경의 말단에서 분비되어 근육에 자극을 전달합니다. 교감신경이 흥분한 상태, 즉 스트레스를 받으면 아드레날린은 뇌나 뼈대 근육 부분의 혈관을 확장시켜 정신을 가다듬어 근육이 스트레스에 잘 대처하도록 하는 역할을 합니다.

당신이 **냉수 샤워**나 **냉수 목욕**을 정기적으로 하면 이러한

100.
4   Dienstbier, R. A., LaGuardia, R. L., & Wilcox, N. S. (1987). The relationship of temperament to tolerance of cold and heat: Beyond cold hands-warm heart. *Motivation and Emotion, 11,* 269-295.

스트레스를 주는 활동에 좀 더 잘 대처하게 되고, 이는 다른 도전적인 사건에 더 잘 대처하도록 당신을 도와주게 될 것입니다. 차가운 물에서 수영하는 것은 많은 사람이 끔찍한 고문으로 여길지 모르지만 아주 효과적인 방법입니다.

만일 냉수 샤워나 냉수 목욕이 당신에게 너무나 힘든 일이라면 냉수와 온수 사이를 오고갈 수 있습니다. 15초 내지 30초간 냉수와 온수를 번갈아 하는 것은 차가운 것에 잘 대처하지 못하는 사람들에게 차가움에 노출시키는 훨씬 더 쉬운 방법입니다.

신체활동

운동은 과학적으로 입증된 강인해지기 위한 하나의 방법[5]입니다. 달리기, 역도, 수영 혹은 다른 종류의 신체활동 어느 것이나 운동은 당신을 강인하게 해 주는 데 도움이 됩니다.

신체활동을 통해 보다 많은 이득을 얻기 위해서는 때

---

5 Dienstbier, R. A. (1984). The effect of exercise on personality. In M. L. Sachs & G. B. Buffone (Eds.), *Running as therapy: An integrated approach* (pp. 253-272). Lincoln: University of Nebraska Press.

때로 당신의 한계점을 안전하고 적절한 형태로 뿌리쳐야 합니다. 평소보다 더욱 먼 거리를 달리고, 보다 무거운 것을 들어 올려야 합니다. 말하자면 당신에게 힘들고 어려운 운동을 행해야 한다는 것이죠.

웅크린 자세로 머리와 어깨 뒤쪽에 바벨을 두고 앉았다 일어서기를 반복하는 스쿼트와 역기를 엉덩이 높이까지 들어 올리고 나서 등의 힘 또는 등과 다리의 힘으로 완전히 들어 올리는 데드리프트와 같은 역도는 당신을 강인하게 해 주고 힘을 증진시켜 주기 때문에 건전하고 유익한 운동입니다.

신체활동을 통해 당신은 자신의 개인적 기록을 깨는 것과 같은 삶의 문제에 대처하기 위한 준비가 되어 있다는 느낌을 가질 수 있습니다.

신체활동은 그 동기유발을 위해서 재미있고 다양하게 하는 것이 이상적입니다. 며칠 동안 같은 길을 같은 방식으로 조깅하면 곧 지루하게 될 것이고 그 동기는 대폭 감소될 것입니다. 지루하지 않고 지속적인 동기유발을 위해서는 다음과 같은 방법으로 하는 것이 좋습니다.

당신이 좋아하고 즐길 수 있는 다양한 형태의 신체활동을 찾아서 여러 가지 방식으로 해야 합니다. **유산소 운동**

(조깅, 에어로빅, 줄넘기 등)과 **근력운동**(아령, 팔굽혀펴기 등), **장력운동**(요가, 스트레칭 등) 세 가지를 골고루 해야 합니다. 하루에 한 가지 운동을 1시간 하는 것보다는 하루에 세 가지 운동을 20분씩 나눠서 하는 것이 더 좋습니다.

개인활동, 짝활동, 단체활동이 혼합되도록 신체운동을 실시해야 합니다. 수영, 조깅, 자전거타기, 댄스 등은 혼자서도 할 수 있고, 둘이서 짝을 지어 할 수도 있으며, 팀의 일원으로 할 수도 있습니다. 신체운동을 함께 할 사람을 만나면 더 즐겁고, 더 지속적으로 할 수 있습니다.

당신이 살고 있는 지역에 가까운 운동클럽이 있는지 온라인을 통해 확인해 보십시오. 만일 당신이 자기통제력이 약하다면 클럽에 가입하여 단체의 일원으로 운동을 하는 것이 당신의 열정과 동기를 증진시키는 데 도움이 될 수 있습니다. 관심 있는 운동 종목 동호회에 가입하는 것도 좋습니다.

리듬을 타면서 신체활동을 해야 합니다. 음악에 맞춰 하는 에어로빅이나 댄스스포츠가 정신건강에 가장 좋습니다. 줄넘기도 음악을 틀어놓고 하는 것이 좋지요. 야외에서도 하십시오. 일주일에 한 번 정도는 등산이나 걷기 등 야외 운동을 곁들이는 것이 좋습니다. 햇빛은 우울증에 탁월한 효과가 있기 때문이죠.

애완견과 함께 매일 30분씩 빠른 속도로 걷는 것이 공식적인 운동시스템만큼이나 좋습니다. 또한 어린 자녀들과 함께 정기적으로 공원에서 축구를 하는 것도 좋습니다. 수영이나 스쿼시 같은 전통적인 운동 형태를 꼭 선택할 필요는 없습니다. 라틴댄스와 운동이 결합된 피트니스 종목인 줌바Zumba, 줄넘기, 플라스틱 브러시나 강모로 만들어져서 실제 눈의 스킹을 재생시키도록 고안된 인공표면에서 즐기는 드라이 슬로프 스킹dry-slope skiing과 같이 심장박동을 높이는 운동이라면 어떤 것이든 우리의 신체 건강을 증진시킬 수 있습니다.

금식

간헐적인 **금식**fasting은 당신의 건강을 증진해 주고 당신을 강인하게 해 주기 위한 가장 도움이 되는 간단한 습관 중 하나입니다. 금식에 관한 많은 오해들[6]이 있긴 하지만, 금식의 이점에 대해서 문서로 된 관련 증거가 많습니다.

금식은 내장의 휴식을 제공하고, 중금속 같은 유독성

---

6 금식에 관한 잘못된 신념에 대해 더 알고 싶다면 다음의 사이트를 확인하라.
http://www.leangains.com/2010/10/top-ten=fasting-myths-debunked.html

성분을 체외로 배출시켜 소화기나 순환기 계통의 내장 기능을 향상시키며, 장기의 정화작용을 돕습니다. 영양분을 흡수하는 계통의 장기들은 금식을 통해 휴식을 취할 것이고, 노폐물을 제거하는 장기들은 계속 활발하게 작업을 하여 찌꺼기를 체외로 깨끗이 몰아내는 작용을 하게 되므로 유독성 물질을 제거하는 간, 폐, 콩팥, 대장 등이 깨끗하게 정화됩니다. 또한 금식은 마음과 정신을 맑게 하며, 불필요한 지방분을 제거해 줌으로써 체중을 조절하는 데 도움을 줍니다. 이 외에도 금식은 극기를 통한 자기강화, 인체의 자생력 활성화, 약물복용 의존도의 저하, 편안한 수면 유도 등에 도움이 된다고 합니다.

금식하는 방법은 여러 가지가 있습니다. 아침식사를 하지 않음으로써 16시간 동안 금식을 하는 사람들도 있고, 오후 6시에 먹는 것을 멈추고 다음 날 오후 6시에 먹는 것을 개시하는 사람들도 있습니다. 금식에 보다 경험이 많은 사람은 먹는 시간 간격을 더 오래 두며, 간혹 2, 3일 간격을 두기도 합니다.

금식은 무리하지 말고 한 끼 혹은 두 끼를 거름으로써 시작하는 게 좋습니다. 금식은 처음에는 배고픔과 같은 불편함을 느끼게 해 줄 수 있지만 계속 하다 보면 전보다는 더 이상 배고픔을 느끼지 않는다는 것을 알게 될 것입니다.

간헐적인 금식은 자연스레 나의 삶의 방식의 한 부분이 되었습니다. 나는 하루도 빠지지 않고 매일 적어도 16~20시간 금식을 하며 가끔은 그보다 더 오랜 시간 금식을 하기도 합니다. 이는 음식과 나와의 관계를 변화시켰고 나의 자기통제력을 향상시켜 주었습니다.

나는 의사는 아니므로 당신이 차가움에의 노출, 힘든 운동이나 금식을 하고 싶다면 그 전에 담당 의사와 상의해 볼 것을 권합니다.

명상

명상meditation과 의학medicine의 영어 어간은 medi로 서로 같습니다. medi는 라틴어 mederi에서 파생된 말로 '치료하다'란 뜻이랍니다. 어원에 비추어 보면 명상은 마음으로 괴로움을 치료한다는 것이고, 의학은 약물로 괴로움을 치료한다는 뜻이죠.

명상은 수행방법에 따라 크게 집중명상samatha과 관찰명상vipassana으로 나눌 수 있습니다. '사마타'라 불리는 집중명상은 주의를 지속적으로 한곳에 집중하는 방법으로서, 흔들리지 않는 평온한 마음상태를 경험하고 계발하는 것을 목표로 하며 만다라 명상이나 참선이 여기에 속합니다. '위빠사나'라 불리는 관찰명상은 지금, 이 순간, 이곳에서 일어나는 감각과 느낌에 열린 마음을 갖고 판단하지 않은 채 고요히 살펴보는 것으로 흔히 **마음챙김**mindfulness 명상이라고 불리기도 합니다.

연구결과[7]에 따르면 명상은 자기통제력을 향상시켜 줍니다. 그 외에도 명상은 스트레스에 대한 저항력, 우울증과 불안의 완화, 신체적 질병의 감소, 유연한 사고의 증진 등 개인적으로나 대인관계 면에서나 많은 이점이 있다는 것이 밝혀지고 있습니다. 5분이라도 조용히 앉아 호흡에 초점을 두면서 명상을 하면 그것만으로도 건강에 많은 도움이 된다고 합니다.[8] 그러니 마음을 모아 깨어 있는 정신으로 호흡에 집중해 보세요. 마음챙김으로 호흡하는 명상의 단계를 소개하면 다음과 같습니다.

---

7   Tang, Y. Y., Lu, Q., Geng, X., Stein, E. A., Yang, Y., & Posner, M. I. (2010). Short-term meditation induces whie matter changes in the anterior cingulate. *Proceedings of the National Academy of Science, 107*(35), 15649-15652.
8   https://nccih.nih.gov/health/mediation/overview.htm, Web. February 26th, 2015.

- **1단계:** 당신이 혼란스럽지 않을 장소를 찾아서 편안하게 앉아, 양손을 무릎 위에 힘을 빼고 편안하게 놓고, 발을 견고하게 바닥에 세우세요. 약간 정면을 쳐다보고, 등을 똑바로 세우고, 턱을 약간 밀어 넣으세요.

- **2단계:** 두 차례 코로 깊은 숨을 들이마시고 입으로 내쉰 다음 눈을 감으세요. 당신이 앉아 있는 의자가 발에 당신 하체에 어떤 느낌을 주는가를 주목하세요. 다리와 발의 느낌은 어떠한가요? 몸의 다른 감각에 주목하세요. 따스한가요 아니면 추운가요? 주위에 어떤 소리가 들리나요? 어떤 소리든 인식하세요. 어떤 부위에 긴장 혹은 이완을 느끼는가를 주목하면서 머리부터 발끝까지 온 몸을 자세히 조사해 보세요.

- **3단계:** 이제 당신의 주위를 숨쉬기에 돌리세요. 정상적으로 호흡하면서 숨을 들이쉬고 내쉴 때마다 느낌이 어떠한가를 주목하세요. 호흡할 때 어떤 감각이 생겼다 사라지나요? 가슴, 위, 어깨 혹은 그 밖의 부위에 생겼다 사라지는 감각을 느낄 수 있나요?

- **4단계:** 천천히 수 세기를 시작하세요. 당신이 숨을 들이쉴 때 1, 내쉴 때 2, 들이쉴 때 3, 내쉴 때 4 … 10까지 세어보세요. 그리고 끝나면 다시 1부터 시작하세

요. 이것을 조용히 행하십시오.

- **5단계**: 이것을 행하다 보면 당신은 갑자기 마음속에 떠오르는 사고에 의해 주의가 흐트러지게 된다는 것을 알 것입니다. 그 사고를 그저 단순히 인식하고 호흡을 위해서 점잖게 물리치세요. 다시 세기 시작하십시오.

- **6단계**: 5분이 끝날 때까지 4단계와 5단계를 반복하세요.

- **7단계**: 잠시 동안 조용히 앉아 있으세요. 이 시점에서 어떤 사고가 불현듯 당신의 마음속에 떠오르거나 아니면 마음이 평온할 것입니다.

- **8단계**: 천천히 당신의 주의를 거기에 앉아 있는 느낌이 어떠한가에 돌리세요. 준비가 되면 눈을 뜨세요.

앉아서 명상을 하는 것이 다른 방법보다 가장 손쉬운 것처럼 보일지도 모르지만, 대부분의 사람들이 실제 해 보면 상당히 어렵다는 것을 알게 될 것입니다. 현재 순간에 주의를 기울이고 그 밖의 다른 것에는 주의를 기울이지 않으면서 조용히 앉아 침묵을 지키며 시간을 보낸다는 것은 쉬운 일이 아닙니다. 그러나 시작이 어렵지 시행해 보면 그리 어려운 것도 아닙니다.

나는 당신이 아침에 명상을 할 것을 강력히 추천합니다. 아침 명상을 기존의 이를 닦는 습관과 연결 지을 수 있습니다. 즉, 아침에 양치질을 한 후에 바로 명상을 시행하는 것입니다.

당신을 불편하게 하는 것을 행하기

스트레스를 주는 상황에 간헐적으로 노출되는 것은 당신의 정신적 강인함, 즉 정신력을 증진시켜 주기 위한 또 하나의 방법입니다. 고의로 당신을 불편하게 하는 방법은 무수히 많죠. 몇 가지 방법을 소개하면 다음과 같습니다.

- 닥치는 대로 낯선 사람들과 대화하기
- 당신이 싫어하는 운동을 수행하기(체육 수업 시간에 당신이 가장 하기 싫어했던 순간을 떠올려 보세요)
- 대중 앞에서 연설하기
- 스카이 다이빙이나 번지점프와 같이 위험성을 동반하는 스포츠
- 당신이 두려워하는 것(어두움, 고소공포증 등)에 직면하기

📄 요약 및 복습

1. 피로는 당신의 마음속에 있습니다. 당신의 뇌가 너무 많은 스트레스를 받아 공황 상태가 되지 않도록 훈련하기 위해서는 당신 스스로 자신의 과거 한계점을 뿌리치세요. 요구하고 있는 상황에 점진적으로 노출시키는 것이 이러한 목표를 성취하도록 당신을 도울 것입니다.

2. 차가움에의 노출은 정신력을 강화하기 위한 가장 좋은 방법 중 하나입니다. 냉수 샤워를 하거나 온수 샤워와 냉수 샤워를 번갈아가며 하십시오.

3. 신체활동, 특히 역도는 당신을 점점 더 강인한 사람으로 만들어 줍니다. 만일 당신이 강인해지고 싶다면 힘든 운동을 하십시오. 당신에게 힘든 운동이 가장 좋은 결과를 가져다줍니다.

4. 금식은 당신의 정신력을 향상시키기 위한 또 다른 방법입니다. 한 끼 식사를 거르거나 온종일 금식을 해 보세요. 그러면 당신의 충동성을 통제하는 방법을 배우게 될 것입니다.

5. 명상은 자기통제력을 향상시키며 조용히 계속 앉아 있는 방법을 가르쳐 줌으로써 당신을 강인하게 만들어 줍니다. 하루에 명상을 5분만 해도 충분히 도움이 됩니다.

6. 당신이 불편하다고 여기는 일을 행함으로써 안전지대에서 벗어나는 것은 당신의 정신력을 강화하기 위한 또 다른 방법입니다. 강인해지기 위해 당신이 두려움을 가지는 것에 직면하고, 다루기 불편하고 힘든 일을 행하십시오.

제5장
지속력을 위해서는
집중과 휴식이 필요하다

;

성공을 위해서 열심히 일해야 한다는 말은 상투적인 표현입니다. 이러한 상투적인 말은 사람들을 쓸데없이 열심히 일하게 만들지요. 삶에 있어서 성공한 사람들을 보면 피와 땀과 눈물 때문이 아니라 다른 사람보다 덜 일했기 때문에(그러나 보다 집중해서 일했기 때문에) 자신의 목표를 성취한 사람들도 있습니다.

영국의 갑부인 리처드 브랜슨Richard Branson은 덜 일하고도 더 많이 성취한 아주 대표적인 예라 할 수 있습니다. 버진그룹Virgin Group의 창업자이자 회장인 그는 지칠 줄 모르는 도전정신으로 손대는 사업마다 성공 궤도에 올려 놓아 탁월한 사업가적 진가를 발휘하고 있으며, 환경문제와 자선사업에도 적극 앞장서면서 기업가로서 존경을 받고 있습니다. 자서전 《내가 상상하면 현실이 된다Screw It, Let's Do It》에 이어 오늘날 버진그룹을 다국적 기업으로 일궈온 경영의 궤적이 담긴 《리처드 브랜슨: 비즈니스 발가벗기기Richard Branson: Business Stripped Bare》를 통해 도발적이고 대담한 그만의 경영 원칙을 세상에 낱낱이 보여 주고 있습니다.

그는 미국 Inc. Magazine과의 인터뷰에서 "당신의 경력 초기에 그날그날 꾸려가는 사업체를 운영하기 위해서는 당신 자신보다 나은 누군가를 발견하세요. 당신 자신에서 벗어나십시오. 심지어 쟁점의 구축과 핵심에서조차도 벗어나십시오. 그렇게 해야 당신은 보다 큰 그림을 볼 수 있고 새로운 영역의 사고를 할 수 있을 것입니다."라고 말했습니다.

브랜슨은 어린 시절부터 이러한 접근방식을 따라왔습니다. 그가 같은 인터뷰에서 "어떤 면에서는 내가 손수 사업체를 운영했을 때보다 수백 개의 회사를 감독하는 것이 오늘날 내게는 더 쉽습니다. **위임**delegation의 기술을 배우는 것이 절대적으로 중요합니다."라고 강조했습니다.

당신이 매우 열심히 노력하는 것을 멈출 때 지속하기가 훨씬 더 쉽습니다. 당신은 더 이상 아무런 보상 없이 피땀 흘려 일해서는 안 되며 자신의 목표를 상기해야 합니다. 훨씬 덜 노력하고도 일이 풀리면 보상은 훨씬 더 커집니다.

이 장에서는 힘든 시기에 당신을 끝까지 지속시키도록 돕기 위해서 '더 적은 것이 더 많은 것이다less is more'의 철학을 따르기 위한 여러 개념과 기법을 살펴볼 것입니다.

중요한 소수에 집중하라

파레토 법칙 Pareto Principle으로도 알려진 **80 대 20 법칙**은 당신이 많은 어려움을 피하고 덜 일하고도 많은 것을 성취하는 데 도움이 될 수 있는 가장 실제적이면서 보편적인 법칙 중 하나입니다.

파레토 법칙은 소득 분포에 관한 통계적 법칙으로서, 이탈리아의 경제학자 파레토가 유럽제국의 조사에서 얻은 경험적 법칙으로 요즘 유행하는 80 : 20 법칙과 같은 말입니다. 즉, 상위 20% 사람들이 전체 부의 80%를 가지고 있다거나, 상위 20%의 제품이 전체 매출의 80%를 차

지한다거나, 상위 20% 고객이 매출의 80%를 창출한다는 의미로 쓰이고 있습니다. 다시 말해, 전체 성과의 대부분(80%)이 몇 가지 소수의 요소(20%)에 의존한다는 의미입니다.

사람들이 포기하는 가장 흔한 이유 중 하나가 어찌할 바를 모르기 때문입니다. 예를 들어, 당신이 새로운 외국어를 배우기 시작할 때 문법, 어휘, 발음, 억양 등 많은 것들이 있다는 것을 알아야 하지만 아직 이를 알지 못합니다. 심리학에서는 이를 무의식적 무능력unconscious incompetence 이라고 일컫습니다. 무의식적 무능력은 모른다는 것을 모르는 것이 특징입니다.

당신이 무의식적 무능력 단계에서 두 번째 단계인 의식적 무능력conscious incompetence 단계로 넘어가면 당신의 지식에 많은 결손이 있다는 것을 알게 됩니다. 의식적 무능력은 모른다는 것을 아는 것이 특징입니다. 많은 사람들이 의식적 무능력 단계에서 포기하게 되는데, 학습해야 할 많은 양 때문에 겁에 질리거나 좌절하기 때문이죠.

그 다음은 점진적이고 순차적으로 익히는 것이 특징인 의식적 능력conscious competence의 단계, 익숙해져서 달인이 되지만 가르치지는 못하는 것이 특징인 무의식적 능력

unconscious competence의 단계, 다른 사람에게 내용과 방법 및 이유를 설명하고 가르칠 수 있는 것이 특징인 의식적 무의식적 능력conscious unconscious competence의 단계 순입니다.

중요한 소수에 집중하는 법칙은 일의 소수가 상당히 중요하고 대부분은 그리 중요하지 않다는 것을 의미합니다. 주요 관건은 몇 가지 중요한 일에만 집중하고 나머지 일은 무시하는 것입니다. 당신이 해야 할 일은, 훨씬 덜 노력을 기울이면서 지속해 나가도록 관리해 나가는 것입니다.

당신이 의식적 무능력 단계 중에 이 규칙을 적용하면 포기할 위험성을 줄일 수 있습니다.

언어를 학습할 경우, 원어민들과 의사소통하는 능력을 키우기 위해서는 적절한 문법이나 올바른 억양보다는 기본 문장이나 구절이 훨씬 더 중요합니다.

사업을 할 경우, 첫 번째 고객을 얻는 것이 중요하고 다음에도 고객 그 다음에도 고객을 얻는 것만 생각해야 합니다. 사업을 보다 확장하기 위한 생각은 나중에 하십시오.

건강의 경우, 당신은 몇 가지 기본 동작(웅크린 자세로 머리와 어깨 뒤쪽에 바벨을 두고 앉았다 일어서기를 반복하는 스쿼트, 역기를 엉덩이 높이까지 들어올리고 나서 등의 힘 또는 등과 다리의 힘으로 완전히 들어올리는 데드리프트, 벤치에 등을 대고 누워 가슴 위로 바벨을 들어올리는 벤치프레스, 머리 위로 팔을 쭉 뻗어올리며 덤벨을 드는 오버헤드 프레스, 턱걸이 운동인 친업)보다 더 많은 동작을 배울 필요가 없습니다. 다른 모든 운동은 대부분의 사람들에게 필요로 하는 것이 아니기 때문입니다.

당신의 목표 하나하나를 이와 유사한 방식으로 해체하고 각 목표를 향해 전진해 나갈 수 있도록 하십시오. 복합적인 목표는 당신의 전진을 방해합니다.

노력을 소홀히 하고 결과에 집중하라

아직도 많은 사람이 열심히 일해야 한다는 잘못된 믿음을 갖고 있습니다. 이들은 노력이 중요하지 결과가 중요한 것이 아니라는 믿음을 고집하고 있습니다. 어떤 이상한 이유를 대며 일터에서 12시간 열심히 일하는 사람을 2시간밖에 일하지 않지만 더 많은 성과를 내는 사람보다 더 좋은 종업원으로 여깁니다.

사회는 효과성과 스마트한 사고보다는 분주함과 애씀을 지나치게 미화합니다. 당신은 사람들이 자신의 목표를 향해 일할 때도 이와 같은 현상을 관찰할 수 있습니다. 체중감량을 위해 굶고, 건강을 위해 오랜 시간 강렬하게 체력 단련을 하며, 사업을 키우기 위해 4시간만 자고 남은 20시간을 쉬지 않고 일합니다.

노력에 집중하는 사람이 소진burn out 상태에 빠지고 포기하게 되는 것은 결코 이상한 일이 아닙니다. 당신의 집중력을 분주함과 애씀에서 벗어나 결과를 얻는 것에 쏟으세요. 목표를 설정할 때 항상 도달하기 가장 쉬운 방법을 찾으세요.

차선책을 취하지 않는 방법

스트레스가 건강에 얼마나 위험한가는 누구나 알고 있는 사실입니다. 그렇지만 우리의 마음속에 갖고 있는 성공한 사람들에 대한 이미지는 빈번히 건강을 황폐화시키는 대가를 감수하고도 매우 힘들고 스트레스를 주는 일을 열심히 하는 것입니다.

그러나 연구결과에 따르면 매우 힘들고 스트레스를 주는 일은 최적의 수준에서 수행하도록 하는 데 도움이 되는 지속력을 갖지 못하게 합니다. 사실 **휴식**을 취하는 것이 좀 더 생산적인 결과를 가져오고 소진 상태를 예방하는 데 도움이 될 수 있습니다.

만일 당신이 압박을 받고 있을 때 더 열심히 일해야 한다고 믿는다면 다음의 연구들을 살펴보십시오.

이스라엘에서 87명의 육체노동을 하는 종업원들을 대상으로 수행된 연구[1]에서 연구자들은 그리 놀라운 일은 아니지만 휴가가 직무 스트레스와 소진 상태를 완화시킨다는 것을 발견하였습니다. 소진 상태의 완화는 휴가가 끝난 후에도 4주간 지속되었습니다. 한 번의 휴식은 한 달가량 당신의 수행을 향상시킬 수 있습니다.

스탠퍼드대학교 남자 농구 대표팀의 건강한 11명 선수를 대상으로 수행된 연구[2]에서는 **수면** 시간의 증가가 지속력의 주요 요소인 기분, 피로, 활력을 개선시키는 것으

---

1   Westman, M., & Etzion, D. (2001). The impact of vacation and job stress on burnout and absenteeism. *Psychology & Health*, *16*(5), 595-606.
2   Mah, C. D., Mah, K. E., Kezirian E. J., & Dement, W. C. (2011). The effects of sleep extension on the athletic performance of collegiate basketball players. *Sleep*, *34*(7), 943-950.

로 나타났습니다.

더 많이 일하도록 몰아대기보다는 덜 일하는 것이 당신이 지속적으로 일하도록 하는 데 도움이 된다는 것을 아직도 확신하지 못하나요? 간단한 실험을 해 보세요. 일주일 동안 당신의 목표에 대한 전념 정도(간단한 1~10점 척도면 충분할 것입니다)를 기록하고, 당신의 현재 수면 패턴을 유지하십시오. 그러고 나서 다음 일주일 동안 평소보다 수면을 1시간 늘리거나 낮에 토막잠을 자고 다시 목표에 대한 전념 정도를 측정해 보세요. 에너지 수준이 낮으면 많은 부정적 사고와 낙담을 가져옵니다.

오스트레일리아에서 시험기간 중의 학생들을 대상으로 수행된 연구[3]에서는 스트레스가 다이어트와 수면을 악화시키는 것으로 나타났습니다. 학생들은 자신의 정서를 통제하는 데 힘들어했고, 운동을 덜 했으며, 집안일과 자신을 스스로 돌보는 일에 주의를 덜 기울였습니다. 그들은 또한 책임과 지출에도 마음을 쓰지 않았습니다. 만일 당신이 이러한 간단한 자기 돌봄 습관에 주의를 기울이지 않는다면 목표를 향한 노력을 지속하지 못하고 결국

---

3   Oaten, M., & Cheng, K. (2005). Academic examination stress impairs self-control. *Journal of Social and Clinical Psychology, 24*(2), 254~279.

포기하게 될 것입니다.

당신이 밤에 길게 수면을 취할 수 없다면 낮에 토막잠이라도 자는 것을 고려해 보십시오. 뉴질랜드에서 28명의 항공교통 관제사를 대상으로 수행된 연구[4]에 따르면, 근무 시간에 짧고 양질의 것이 아니더라도 40분 낮잠을 자는 것이 경계와 업무 수행을 향상시킨다는 것을 시사하고 있습니다.

수면과 휴식이 업무 수행과 의지력을 향상시킨다는 명백한 증거에도 불구하고 많은 사람이 아직도 더 많이 일하는 것이 좋다고 믿고 있습니다. 그러나 최고의 수행을 보이는 사람조차도 덜 일하는 것이 좋은 결과를 가져온다는 것을 보여 주고 있습니다.

플로리다대학교 안데르스 에릭슨K. Anders Ericsson 교수와 그의 동료들은 최고의 음악가, 운동선수, 배우, 바둑기사에 대해 연구하였습니다.[5] 연구자들은 최고의 수행을 보이는 사람들은 일반적으로 90분을 넘기지 않으면서 이

---

4 Signal, T. L., Gander, P. H., Howard, A., & Brash, S. (2009). Scheduled napping as a countermeasure to sleepiness in air traffic controllers. *Journal of Sleep Research*, *18*(1), 11-19.
5 http://www.nytimes.com/2013/02/10/opinion/sunday/relax-youll-be-more-productive.html?pagewanted=all, Web. February 26th, 2015.

시간에 고도로 집중하여 연습한다는 것을 알아냈습니다. 더욱이 그들은 하루에 4시간 30분 이상을 좀처럼 일하지 않는 것으로 나타났습니다.

에릭슨 박사는 "장기간에 걸친 연습을 통해 이득을 극대화하기 위해서는 탈진 상태를 피해야만 하고, 연습량을 하루 혹은 일주일에 기초하여 완전히 회복할 수 있도록 제한해야 합니다."라고 했습니다.

이러한 연구들에서 제시된 증거 모두는, 지속력이란 당신 자신을 한계에 몰아대는 것이 아니라는 점을 시사하고 있죠. 세계 최초로 남극점에 도달한 아문센이 그의 팀원들에게 좀 더 열심히 하도록 몰아세우지 않았던 것처럼 - 비록 그들이 더 오래 계속 갈 수 있었지만 - 당신은 일하는 시간을 좀 줄이고 자신의 에너지를 충전하기 위해 정기적으로 휴식 시간을 취하는 것이 더 나을 것입니다.

많은 자기조력 및 자기계발 분야의 저자들이 제안하는 것과는 반대로, 지속력을 위해서는 점점 더 열심히 일하도록 몰아대기보다는 적절한 휴식과 집중을 필요로 한다는 것을 잊지 마십시오.

📄 요약 및 복습

1. 파레토의 법칙에 따르면 결과의 대부분이 전체 노력의 일부에서 옵니다. 이 법칙을 마음에 두지 않고 자신의 목표를 향해 나아가는 사람은 압도당하여 포기하기 쉽습니다. 당신이 성취하고자 하는 것의 본질에 초점을 둘 때 굴복의 위험성을 줄일 수 있습니다.

2. 노력 대신에 결과에 초점을 두세요. 투쟁을 위한 투쟁은 정말이지 소진 상태와 포기를 가져오는 확실한 방법이랍니다.

3. 스트레스와 적절한 휴식의 결여는 당신을 소진 상태에 빠뜨리게 할 것입니다. 때때로 휴식을 취하고, 추구하고 있는 목표에 대한 생각을 잠시 잊으십시오.

4. 최고 정상에 오른 사람들은 적절한 휴식과 효과성의 힘을 인정하고 있습니다. 가장 뛰어난 운동선수, 음악가, 배우, 바둑기사들이 단지 하루에 4시간 30분만 연습했어도 성공할 수 있었듯이 당신도 그 정도로 일하면 성공할 수 있습니다.

제6장

자기 자신을 파괴하지 말라:
한계신념에 대처하는 방법

;

비록 당신이 스스로 꽤 지속력 있는 사람으로 여긴다 할지라도 당신은 적어도 여러 차례 자신의 목표를 파괴한 적이 있을 것입니다. 자기파괴self-sabotage는 여러 형태와 크기로 이루어지지만, 가장 빈번한 것은 당신이 포기하지 않아야 할 때 포기하게 되는 이유를 합리화함으로써 시작됩니다.

이 장에서는 가장 흔한 자기파괴 행동의 몇 가지를 탐색하고자 합니다. 이 장을 통해 당신은 자신의 목표를 위협하는 **한계신념**limiting beliefs에 대처하는 방법을 알게 될 것입니다. 때때로 당신이 한계신념을 인식하지 못할 수도 있겠지만 말입니다.

자기파괴로 이끄는 가장 흔한 다섯 가지 방법

자기 자신을 파괴하는 이유에 대한 원인은 다양하지만, 그 주요 원인으로 다음의 다섯 가지를 들 수 있습니다.

현상유지편향

사람들은 무엇이든 자신의 현재 상태를 유지하려는 심리를 갖고 있습니다. 가령 옷을 살 때 항상 가던 브랜드 가게에만 가서 산다든가, 직장을 옮기기보다는 현재 있는 직장에서 계속 머문다거나, 다니던 식당만 주로 간다거나, 항상 먹던 몇 가지 음식 중에서 하나를 시킨다거나, 다니던 길로만 다니거나, 친구들과 만나더라도 친숙한 장소를 약속 장소로 정하는 것이 그 예라고 할 수 있습니다.

이러한 **현상유지편향**status quo bias은 과거 원시시대의 결과물이랍니다. 과거 원시시대에는 안전한 것이 별로 없기 때문에 항상 목숨의 위협을 느끼며 살아갔습니다. 맹수의 위협, 독이 들어 있는 식물 등 원래 하던 안전한 방식을 벗어나면 죽을 수도 있는 환경이었습니다. 하지만 현대사회는 과거 원시시대와는 달리 하던 대로 매번 똑같이 하지 않는다고 해서 목숨에 위협을 받는 상황은 거의 없습니다.

그럼에도 불구하고 오늘날 많은 사람은 이러한 현상유지편향을 갖고 있죠. 당신이 현재 진행되고 있는 일의 상태를 선호한다면, 현상유지에 대한 어떠한 변화도 손실로 지각할 것입니다.[1] 따라서 변화에 대해 강력히 저항하게 됩니다. 비록 당신이 자신의 목표를 성취하고 싶어 할지라도 어찌 할 수 없으며 무언가가 손실되고 있다는 느낌을 갖게 됩니다. 따라서 당신은 이전의 상태로 되돌아가기 위해서 자신을 파괴하며 변화를 포기하게 됩니다. 예를 들어, 체중 감량을 원하는 사람들은 비록 인스턴트 식품의 섭취가 도움이 되지 않는다 할지라도 식단의 변화를 손실로 지각할 수 있습니다.

현상을 유지하려고 하는 것은 편안함을 가져오고 행복감을 느끼게 해 주기 때문에 꼭 나쁜 것만은 아니지만, 현

---

1   Samuelson, W., & Zeckhauser, R. (1988). Status quo bias in decision making. *Journal of Risk and Uncertainty, 1*, 7-59.

상유지편향을 극복하지 못하면 항상 제자리에서 맴돌게 될 것입니다. 새로운 것을 두려워한다면 당연히 발전도 없다는 것을 항상 인식하고 새로운 것을 배워보고 도전도 해 봐야 합니다. 스트레스가 없는 항상 틀에 박힌 생활은 나중에 찾아오는 예기치 못한 급작스러운 환경 변화를 더욱 따라가기 힘들게 만듭니다. 사회가 변화하는 속도는 이전과 비교가 안 될 정도로 빨라졌기 때문에 항상 새로운 것을 받아들일 준비가 되어 있어야 미래의 환경 변화에 빠르게 대처할 수 있을 것입니다.

포기와 관련하여 현상유지편향에 대처하기 위한 다음의 두 가지 방법이 있습니다.

1. 당신 스스로 자신의 목표를 상기해 보고 현상유지가 그 목표를 성취하는 데 도움이 되는가를 스스로에게 물어 보십시오. 당신이 보다 생산적이 되기 위해서 좀 더 일찍 기상하기를 원한다고 합시다. 당신이 2, 3일 일찍 기상을 하고 나면 잠을 더 자기 위한 자유를 상실한 느낌이 들 수 있습니다. 그렇지만 잠을 더 자는 것이 보다 생산적이 되기 위한 당신의 목표를 이루는 데 도움이 되겠습니까?

2. 현상유지가 현재 진행되고 있는 일의 상태를 가져오

지 못했다면 현상유지를 고집할 것인지의 여부를 스스로
에게 물어보십시오. 만일 당신이 조금 일찍 일어날 것인
지 아니면 좀 더 잘 것인지 오락가락한다면 최적한 상태
로서 좀 더 자는 것을 여전히 선택하겠습니까?

당신이 이전 일의 상태가 그리워서 포기하고 싶어 한
다는 사실을 알게 되었을 때 앞에서 언급한 질문에 대해
스스로에게 물어 보십시오. **손실회피성향**(loss aversion)[2]으로
인해 사람들은 손실에 힘들어하기 때문에 이득을 얻기보
다는 손실을 피하는 것을 선호합니다. 손실회피란 자신이
잃은 것의 크기를 자신이 얻은 것의 크기보다 크게 여긴
다는 심리적 작용을 뜻합니다.

이러한 손실회피성향을 잘 보여 주는 사례가 데니얼 카
네만(Daniel Kahneman)의 실험이랍니다. 그는 실험자들에게
만 원을 준 뒤에 내기를 제안합니다. 동전을 하나 집어서
던졌을 때, 앞면이 나오면 지불받은 만 원을 다시 돌려줘
야 하고 뒷면이 나올 시 2만 원을 더 받는다고 말입니다.
이 내기의 기댓값은 확률×변화값의 합으로, 이 경우 기댓

---

2   Kahneman, D., & Tversky, A. (1984). Choices, Values, and frames.
American Psychologist, *39*(4), 341-350.

값이 5천 원으로 양수의 값을 가지게 되므로 논리적인 판단으로는 내기에 참가하는 것이 확률적으로 이득이라 볼 수 있습니다. 그러나 이 실험의 결과는 논리적인 판단과는 정반대의 양상을 보였는데, 90%의 참가자들이 이 내기를 거부한 것입니다. 사람마다 다르긴 하지만 평균적으로 손실의 고통을 이익에 비해 2배 이상 크게 느끼며, 어떠한 경우에는 10배 이상의 고통을 느끼기도 한다고 합니다.

이처럼 사람들은 불확실한 이익보다는 확실한 손해를 더 크게 체감하므로 일단 손해를 피하고 보자는 심리를 보입니다. 즉, 어떤 선택을 하는 것이 더 이득인지 객관적으로 생각하기보다는 최소한 현상유지를 잘 할 수 있는가부터 계산하게 됩니다.

사실 연구에 의하면 손실은 이득이 좋은 기분을 갖게 하게 하는 것보다 2배의 해를 입힌다고 합니다.[3] 따라서 당신이 효과적인 목표를 설정하고 싶다면 그 목표 달성을 통해 얻게 되는 보상이 당신이 경험하게 될 손실의 기분보다 적어도 2배 이상 강력한 것이어야 합니다.

---

3   Kermer, D. A., Driver-Linn, E., Wilson, T. D., & Gilbert, D. T. (2006). Loss aversion is an affective forecasting error. *Psychological Science, 17*(8), 649-653.

통제편향

연구결과에 따르면 굶주림, 약물의존, 성적 흥분과 같은 충동을 통제하는 자신의 능력을 과대평가하는 사람들이 유혹에 좀 더 쉽게 넘어가는 경향이 있다고 합니다.[4] 충동을 억제하는 자신의 능력을 과대평가하는 경향을 **통제편향**restraint bias이라고 합니다. 통제편향에 휘둘리게 되면, 즉 자신의 통제력을 과신하게 되면 욕구에 굴복하거나 충동적으로 행동할 가능성이 커집니다.

이러한 통제편향으로 말미암아 당신이 충동을 통제하는 능력이 뛰어나다고 믿게 되면 자신을 변화시키지 않고 현상을 그저 유지하려 하기 쉽습니다.

당신이 다이어트 중일 때 자신이 자기통제력이 뛰어나다고 생각하여 하루 혹은 이틀만 실컷 먹자는 유혹에 휩싸일 수 있습니다. 만약 그 하루 혹은 이틀을 칫데이cheat day, 즉 마음 놓고 먹는 날로 정한 것이라면 당신의 결정은 아마도 하루 혹은 이틀만 실컷 먹자는 것을 계속 반복하여 다이어트를 하지 못하게 될 것입니다.

---

4   Nordgren, L. F., van Harreveld, F., & van der Pligt, J. (2009). The restraint bias: How the illusion of self-restraint promotes impulsive behavior. *Psychological Science, 20*(12), 1523-1528.

만일 당신이 책을 쓰고 싶어서 하루에 1,000자 쓰는 것을 목표로 설정하였다면, 통제편향을 갖고 있는 당신은 언제든 그 목표에로 돌아갈 수 있다고 믿어 1,000자씩 쓰는 것을 여러 날 건너뛸 수 있습니다. 그 결과는 예측할 수 있듯이 2주간 그냥 지날 것이고 하루에 1,000자씩 쓰기로 한 계획은 수포로 돌아갈 것입니다.

당신의 자기통제력을 과대평가하기보다는 과소평가하는 것이 더 낫습니다. 가능하다면 당신 스스로를 유혹에 노출시키지 마십시오.

지루함

당신이 뭔가 새로운 것을 시도할 때마다 도파민 dopamine이 당신을 기분 좋게 만듭니다. 도파민은 일반적으로 특정한 행동을 형성하여 사람으로 하여금 동기를 유발함으로써 즐거움과 재강화의 기분을 제공하는 뇌의 보상 시스템과 관련되어 있습니다. 도파민은 새로움과 다양성에 의해 활성화됩니다.[5] 광고는 이러한 현상을 이용하

---

5 Costa, V. D., Tran, V. L., Turchi, J., & Averbeck, B. B. (2014). Dopamine modulates novelty seeking behavior during decision making. *Behavioral Neuroscience*, *128*(5), 556-566.

여 사람들에게 새로운 경험을 제공하고, 다른 맛을 주며, 개선된 상품이라고 홍보를 합니다.

무언가 지루하게 여겨지는 순간 당신은 포기하고 싶은 유혹을 갖게 되고 뭔가 다른 것을 찾게 될 것입니다. 이것은 완전무결한 비즈니스를 찾고 있는 기업가들에게 아주 흔히 나타나는 현상이죠. 단지 하나의 사업에 초점을 두기보다는 오히려 다양성과 새로움에 대한 욕구에 의해 사업을 일으키면 하나의 아이디어를 다른 아이디어에 적용하여 시너지 효과를 낼 수 있습니다. 그것이 바로 일할 때의 도파민인 것입니다.

그러나 도파민은 당신에게 좋은 것도 아니고 나쁜 것도 아닙니다. 즉, 도파민은 당신에게 이점으로 작용할 수도 있고 손해로 작용할 수도 있습니다. 당신은 목표를 향해 일할 때 약간의 변화와 새로움을 보탬으로써 발생하는 기분 좋은 정서에서 이익을 얻을 수 있습니다.

당신이 체중을 10kg 감량하기로 목표를 세웠다고 합시다. 그러면 당신의 다이어트는 단조롭고 운동은 지루하기 때문에 포기 직전에 놓이게 됩니다. 당신이 전혀 먹어보지 않았던 새로운 건강식을 왜 섭취하지 않나요? 어떤 변화를 가져오기 위해서 왜 이국적인 향을 사용하지 않는가요? 다른 스포츠나 다양한 운동을 왜 시도하지 않는가요?

무언가 당신에게 맞는 것을 발견했을 때 그것에 충실하고 그것에 계속 흥미를 가질 수 있도록 당신의 온 힘을 쏟으며 최선을 다하십시오. 만일 그것이 너무 지루하다면 자기파괴의 위험성이 나날이 증가할 것입니다.

무가치감

낮은 자존감은 마치 당신이 성공할 자격이 없는 사람인 것과 같은 기분을 갖게 만들 수 있습니다. 비록 일이 잘 진행되고 있다 하더라도 당신은 자신의 목표를 성취할 자격이 없다고 하는 잘못된 신념 때문에 자신을 파괴하게 될 것입니다.

자존감의 형성은 자기인식self-awareness과 자기점검self-monitoring에서 시작됩니다. 당신이 자신의 내면적 비판을 점검하고 나쁜 생각을 긍정적 생각으로 대체하기 시작할 때, 당신은 자신의 자기비판적 목소리를 죽이기 위한 길을 떠나게 될 것입니다.

당신의 긍정적 속성에 대한 리스트를 만드는 것이 자존감을 증진하기 위한 또 다른 유용한 방법입니다. 이때 중요한 것은 어떤 판단도 하지 않고 솔직하게 리스트를 작성하는 것이죠. 일단 리스트가 만들어지면 당신이 생각하는 것만큼 자신이 가치 없는 존재가 아니라는 것이 충분히 수용될 때까지 매일 소리 내어 읽으십시오.

또 다른 유용한 방법은 다른 사람들을 좀 더 친절하게 대하는 것입니다. 당신이 다른 사람을 잘 대하면 그들이 당신에 대해 호의를 갖게 될 것이고, 이는 당신으로 하여금 자신에 대해 보다 나은 기분을 갖게 만들어 줄 것입니다.

가정폭력domestic violence으로 인한 낮은 자존감과 같이 보다 최악의 경우에는 심리학자의 자문을 구하는 것이 회복을 위한 첫걸음입니다. 나는 의사가 아니라는 점을 당신에게 다시 상기해 두면서, 폭력으로 인한 심리적 상처에 대한 치유와 회복을 위해서는 심리상담전문가에 자문을 구해 보길 권합니다.

미지의 두려움

비록 당신이 정말로 자신의 큰 목표를 성취하길 원한다고 하더라도 때때로 자신을 파괴하게 될 것입니다. 왜냐하면 그 목표를 성취할 때 일어날 것에 대한 두려움이 너무 크기 때문이죠. 삶에 있어서 성공하게 되었을 때 일어날 것에 대비할 수 있는 것은 강한 **정신력**이랍니다.

미지의 두려움fear of the unknown을 극복하기 위한 가장 효과적인 방법 중 하나가 당신의 목표를 이미 성취한 사람들과 이야기를 나누는 것입니다. 당신이 목표를 이루기 위한 과정과 목표 성취로 인해 따라오는 것에 대해 이해하면 할수록 더욱더 당신이 목표를 성취할 때 일어날 것에 대한 두려움을 줄일 수 있을 것입니다.

당신이 작은 목표를 하나씩 성취할 때마다 그 과정을 되돌아보고, 한편으로 두려움이 있는가를 스스로에게 질문해 보십시오. 점진적인 변화는 당신의 삶이 하룻밤 사이에 어마어마하게 변화된 것이 아니라는 사실을 인식하게 해 줄 것입니다.

미지의 두려움은 종종 통제의 상실에 대한 두려움과 관련이 있습니다. 어떤 사람들은 무언가가 너무 좋아서 자신이 통제한다는 신념을 계속 유지할 수 없다고 생각하여 자신을 파괴하기도 합니다.

이러한 문제는 작은 일에 대한 통제감을 점진적으로 갖게 함으로써 다루어 나가는 것이 좋습니다. 당신이 통제할 수 없는 상황에 스스로를 자주 노출할수록 더욱더 쉽게 자신에 대한 불확실한 느낌을 갖게 될 것입니다. 따라서 미지의 두려움을 극복하기 위해서는 당신이 통제할 수 있는 상황에 스스로를 점진적으로 노출시키는 것이 좋습니다.

한계신념을 극복하는 방법

무궁무진한 능력을 가졌음에도 불구하고 자기 자신을 스스로 저평가하는 경우가 많은데, 이를 **한계신념**이라고 합니다. 스스로에 대한 한계점을 정해 버리면 더는 그 이상을 나아갈 수 없습니다. 이러한 한계신념은 사람들이 자신을 파괴하는 또 다른 이유입니다. 사람들은 매우 중요한 존재이기 때문에 자신의 여러 중요한 부분에 대해 인정받을 만한 자격이 있습니다.

사람들은 자신이 한계신념을 갖고 있는지 잘 모릅니다. 한계신념은 눈에 보이지 않게 은밀하게 작용하면서 당신으로 하여금 나쁜 선택을 하도록 하고 나쁜 이유로 포기하도록 이끕니다. 가장 흔한 한계신념과 그 결과를 몇 가지 제시하면 다음과 같습니다.

● **나는 성공하기 위해 나 자신을 고갈시킬 필요가 있다.** 만

일 당신이 하루에 12시간 일하지 않고서는 성공할 수 없다고 믿는다면, 조만간 당신은 소진 상태에 빠지고 에너지 결핍으로 포기하게 될 것입니다.

- **나는 여러 번 실패했기 때문에 또다시 실패하게 될 것이다.** 실패 경험은 어떤 사람들에게 악순환으로 들어가게 만들 수 있습니다. 비록 그들이 새로운 목표를 설정하고 그 목표를 향해 일한다고 해도 머지않아 그들은 과거의 실패 경험을 떠올리고 그 실패 경험이 그들의 현재 행동에 영향을 미치게 됩니다.

- **그것은 가능하지 않다.** 가능하지 않다는 생각은 많은 감정을 불러일으키지만 언제나 빠지지 않는 것이 의심의 감정입니다. 당신이 그게 가능하지 않다고 믿는다면 어찌 그걸 포기하지 않고 지속할 수 있겠습니까?

- **변화시키기엔 너무 늦었다.** 이런 생각은 일반적으로 당신 자신을 당신보다 일찍 뭔가를 성취한 다른 사람들과 비교하게 만듭니다. 당신이 임의로 정해 놓은 시간 전에 뭔가를 성취해야 한다고 믿으면(예를 들어, 당신의 나이가 50세라서 사업을 시작하기엔 너무 늦었다고 믿는다면) 그 뭔가를 포기하게 됩니다.

- **어떻게 해야 할지 잘 모르겠다.** 당신은 실제보다 훨씬 덜 똑똑하다고 생각합니다. 그래서 배워야 하는 문제나 어떤 일에 처음 부딪혔을 때 포기하고 맙니다.

한계신념을 역전시키는 방법에는 여러 가지가 있습니다. 가장 도움이 되는 것은 당신이 틀렸다는 증거를 찾는 것이죠. 예를 들어, 내가 사업을 하기엔 시간이 여의치 않아 결코 사업을 잘 이끌지 못할 것이므로 당장 포기하는 게 나을 것이라고 믿는다고 가정합시다. 이러한 신념을 바꾸기 위해서 나는 삶의 많은 책임을 갖고 있는데도 성공적으로 사업을 일으킨 사람들을 찾을 것입니다. 만일 그런 사람들이 있다면 나의 신념이 틀렸다는 증거가 되겠죠.

증거를 찾았으면 다음엔 그 사람들처럼 성공할 수 있는 방법과 나의 새로운 신념("나는 하루에 2시간 일함으로써 사업을 성공적으로 이끌 수 있다.")이 좀 더 나에게 도움이 되는가를 나 자신에게 물어볼 것입니다.

나의 한계신념은 마법처럼 하룻밤 사이에 사라지지는 않겠지만, 매번 위와 같은 방식으로 그 신념을 파괴해 나간다면 점차 약화되어 곧 **가능신념**enabling belief으로 대체될 것입니다.

한계신념이 다시 당신의 마음속에 나타날 때마다 그것이 왜 틀렸는지를 상기하십시오. 가능하다면 당신의 목표를 성취한 사람들에게 다가가 어떻게 계속 포기하지 않고 끝까지 버티며 지속해 나갔는지 조언을 구하십시오.

당신은 자신이 갖고 있는 모든 한계신념에 대해 유사한 틀framework을 사용할 수 있습니다. 중요한 것은 자신과 한계신념을 동일시하지 말고 그 신념에 대해 의문을 갖는 것입니다. 당신을 포기하게 하는 한계신념을 하나씩 성공적으로 바꾸게 됨으로써 당신은 엄청난 개인적 성장을 경험하게 될 것이며 또한 그 전보다 훨씬 더 지속력을 발휘하게 될 것입니다.

📄 **요약 및 복습**

1. 현상유지편향은 당신을 이전 일의 상태로 되돌아가도록 유혹할 것입니다. 만일 당신이 이러한 현상유지편향을 갖고 있다면 스스로에게 다음과 같은 질문을 던짐으

로써 그것과 맞서 싸우십시오. 당신은 현상유지가 이미 적절하지 않은 것으로 드러났는데도 여전히 현상유지를 선택하겠습니까?

2. 당신이 자신의 목표로부터 경험하게 될 이득이 당신이 겪게 될 손실보다 적어도 2배 좋도록 하십시오.

3. 통제편향은 당신이 실제보다 자기통제력이 뛰어나다고 생각하도록 이끌 것입니다. 자신을 유혹에 노출시키지 마세요. 자신의 충동을 통제하는 능력을 과대평가하기 보다는 오히려 과소평가하십시오.

4. 당신의 목표를 향해 일할 때 소진 상태를 가져올 지루함을 피하기 위해서 신기함과 다양성을 도모하십시오.

5. 보상의 가치를 느끼지 못해 자신을 파괴하는 것을 피하기 위해서는 자존감을 갖고 일하세요. 자존감을 형성하기 위한 최상의 방법은 자신의 사고를 점검하고, 장점을 인식하며, 다른 사람들에게 친절하게 대하는 일입니다.

6. 연구에 따르면 당신이 자신의 목표를 성취할 때 당신의 미지에 대한 위험성을 감소하기 위한 무언가가 발생할

것입니다. 불확실한 기분을 좀 더 편안하게 하기 위해

서 통제하는 것을 내려놓는 연습을 하십시오.

7. 한계신념은 당신을 자기파괴로 이끌 수 있습니다. 한계

신념과 반대되는 증거를 수집함으로써 그것을 제거하

십시오.

제7장
고정 마인드셋을 버리고
성장 마인드셋을 가져라[1]

;

자신이 추구하는 목표를 향해 어떤 난관에 직면하더라도 끝까지 버티며 끈기를 갖고 지속해 나가는 사람이 있는가 하면, 이에 좌절하여 쉽게 포기해 버리는 사람도 있습니다. 바로 이 두 사람의 차이를 결정짓는 요소 중 하나가 **마인드셋**mindset입니다. 스탠퍼드대학교 심리학과 교수인 캐롤 드웩Carol Dweck은 수십 년에 걸친 연구를 통해 마

---

1   그릿과 관련하여 언급하지 않을 수 없는 것이 마인드셋이다. 이 장은 역자의 저서《이제부터 행복해지기로 합시다》의 '성장의 마음가짐' 일부 내용을 수정·보완한 것이다.

인드셋에 따라 인생 자체가 달라진다는 것을 확인하였습니다.

이 장에서는 교육, 비즈니스, 스포츠, 예술을 비롯한 삶의 모든 분야에서 성공을 결정짓는 한 요소이며 오늘날 자녀양육, 학교교육, 리더십 및 대인관계 코칭 분야에 널리 적용되고 활용되는 마인드셋이 왜 중요하며, 마인드셋을 어떻게 변화시킬 수 있는가를 드웩의 연구와 견해를 중심으로 알아보고자 합니다.

마인드셋의 의미와 종류

마인드셋은 심적 경향이나 태도, 신념, 마음가짐 혹은 사고방식을 의미합니다. 드웩은 사람들이 스스로를 바라보는 두 종류의 마인드셋이 있다고 주장합니다.[2] 하나는 자신의 자질(예: 지능)과 능력(예: 음악 재능, 운동 솜씨)이 돌에 새긴 듯 이미 일정한 수준으로 정해져 있다고 믿는 **고정 마인드셋**fixed mindset이고, 다른 하나는 자질과 능력을 포

2　Dweck, C. S. (2016). *Mindset: The new psychology of success* (Updated ed.). New York: Penguin Rnadom House.

함해 나란 존재는 노력과 학습을 통해 지속적으로 향상될 수 있다고 믿는 **성장 마인드셋**growth mindset입니다.

다시 말해, 고정 마인드셋은 노력 여하를 막론하고 자신의 지능과 능력은 변화하지 않는다고 믿고 더 이상의 도전을 통한 발전을 회피하는 고정적 사고 체계를 말하고, 성장 마인드셋은 자신의 지능이나 능력이 긍정적으로 변화할 수 있다고 믿고 비록 자신의 기본 자질이 아직 훌륭하지 못하고 미흡할지라도 지속적인 발전 가능성이 있다고 믿는 사고 체계를 말합니다.

더크워스Duckworth에 따르면 고정 마인드셋은 역경의 순간에 비관적으로 해석하고, 이는 아예 도전 상황을 회피하거나 포기하는 행동으로 이어지는 반면, 성장 마인드셋은 [그림 2][3]와 같이 역경의 순간에 낙관적으로 해석하고, 이는 다시 끈기 있게 새로운 도전을 추구하는 행동으로 이어져 결국 더 강한 사람으로 만들어 준다고 하였습니다. 여기서 당신은 마인드셋과 그릿 사이에 관련성이 있음을 알 수 있을 것입니다. 실제로 여러 연구결과에서 마인드셋이 그릿과 유의한 정적 관계를 가지고, 성장 마

---

3 Duckworth, A. (2016). Grit: *The power of passion and perseverance*. New York: Scribner. p. 256.

인드셋을 가진 학생들이 흥미와 열정을 가지고 과제와 목표를 향해 전념하고 노력을 지속하는 경향, 즉 높은 그릿 성향을 갖고 있음을 밝혀주고 있답니다.

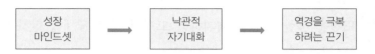

[그림 2] 성장 마인드셋이 끈기에 미치는 영향

고정 마인드셋은 당신 스스로를 계속 증명해 보일 것을 요구합니다. 즉, 당신의 지능, 재능, 특성이 이미 정해져 있다면, 이왕이면 충분한 양을 보유하고 있는 것처럼 보여야 합니다. 그래야 인간이 갖추어야 할 기본적 자질들이 부족해 보이지 않을 것이기 때문이죠. 반면, 성장 마인드셋은 당신이 현재 가진 자질이 단지 성장을 위한 출발점일 뿐이며, 노력이나 연습 혹은 타인의 도움을 통해 얼마든지 길러낼 수 있다는 사고와 믿음에 바탕을 두고 있습니다.

고정 마인드셋과 성장 마인드셋의 차이점을 표로 제시해 보면 다음과 같습니다(<표 2> 참조).[4]

---

4   Krakovsky, M. (2007). The effort effect. *Stanford Magazine*, *36*(2), p. 48에 제시된 그림을 표로 나타낸 것이다.

<표 2> 고정 마인드셋과 성장 마인드셋의 차이점

구분	고정 마인드셋	성장 마인드셋
기본 전제	지능은 고정적이고 변화되지 않는다.	지능은 성장하고 변화될 수 있다.
욕구	남들에게 똑똑해 보이고 싶다.	더 많이 배우고 싶다.
따라서		
도전 앞에서	도전을 피한다.	도전을 받아들인다.
역경 앞에서	방어하거나 쉽게 포기한다.	굴하지 않고 맞서 싸운다.
노력에 대해	하찮거나 나쁘게 여긴다.	숙달의 경로로 여긴다.
비판에 대해	옳더라도 무시한다.	비판으로부터 배운다.
타인의 성공에 대해	위협을 느낀다.	교훈과 영감을 얻는다.
결과	빨리 슬럼프에 빠지고 자신의 잠재력보다 덜 성취한다. 운명결정론적 견해를 공고히 한다.	높은 성취 수준에 도달한다. 더 큰 자유의지에 대한 인식을 갖게 한다.

마인드셋이 행동과 삶의 방식에 영향을 준다

당신이 고정 마인드셋을 갖고 있다면 개인적인 욕구와 욕망 그리고 바람에 사로잡혀 있으며 외적인 것, 이익, 권력, 인간이 주는 단물을 빨아 먹는 데 민감하게 반응할 것입니다. 곡선의 노력보다는 직선의 재능으로 쉽게 무엇인가를 얻으려 하죠. 일이 잘못되었을 때는 남의 탓을 하고요. 그래서 당신과 당신의 주변 사람들을 고통스럽게 만듭니다. 반면, 당신이 성장 마인드셋을 갖고 있다면 내적인 만족을 충족하고 노력과 배움을 추구합니다. 성공에도 크게 압도 당하지 않고 실패에서도 무엇인가 배울 점을 찾아내고 다시 일어서죠. 실패에 대해 아픔을 느끼지만 이내 그것을 자신만의 방법으로 이겨 냅니다.

드웩의 연구에 따르면, 마인드셋이 개인으로서 우리에게 특히 중요한 것은 우리의 행동과 삶의 방식에 지대한 영향을 미친다는 사실입니다. 고정 마인드셋을 가진 사람들은 대부분 상대적으로 기본 자질이 뛰어난 편입니다. 그리고 어느 정도 소기의 목적도 이루어 내죠. 그러나 항상 잘해야 하고 틀리지 않아야 한다는 생각에 불확실한 것을 도전하기보다는 자신의 현재 능력으로 충분히 소화해 낼 수 있는 일과 과제만 하기에 더 이상의 초월적인 발전을 이루기가 힘듭니다.

반면, 성장 마인드셋을 가진 사람들은 '실패는 성공의 어머니'라는 격언이 잘 맞는 유형으로 가능하면 자신의 능력에 비해 어렵거나 힘든 과제를 선택하고 그것을 이루기 위해 노력합니다. 잘해야 한다는 생각보다는 과제를 성취해 가는 과정을 즐기는 것을 더 좋아합니다. 안정된 성취보다도 불확실한 것에 도전하는 것을 더 가치 있는 것으로 여깁니다. 드웩에 의하면 성공한 사람들은 거의 대부분 고난과 역경, 실패를 통해 배우고 성장하기를 좋아했다는 것입니다. 즉, 성공한 사람들은 실패나 시련에 성장 지향적으로 반응하는 태도를 취하며, 끊임없이 도전하고 노력해 걸림돌을 이겨냈다는 것입니다.

목표와 관련하여 고정 마인드셋을 가진 사람들은 자신의 능력을 증명해 보이고 얼마나 똑똑한가를 나타내고자 하는 **수행목표**performance goal를 설정합니다. 수행목표는 자신의 유능함과 능력이 다른 사람의 능력과 어떻게 비교되느냐에 초점을 둔 목표로, 항상 주변의 다른 사람들보다 더 잘하는 데 일차적인 관심을 둡니다. 이는 학생의 경우는 시험에 통과하거나 과제에서 어떤 점수나 비율을 성취하는 것을, 스키 선수의 경우 겨울 동계훈련에서 경사가 가장 심한 코스를 성공적으로 타고 내려오는 것을, 그리고 세일즈맨의 경우 한 달에 일정 분량의 상품을 파는 것을 의미합니다. 이처럼 개인의 자질이나 능력은 그가 정해 놓은 수행목표를 달성했는가의 여부에 따라 쉽게 측정될 수 있습니다. 설정한 준거를 충족시킨다는 것은 그의 기능이나 능력을 입증하는 것이죠. 그 반대도 또한 사실입니다. 그가 정한 목표에 미치지 못했다면, 예를 들어 시험에서 A학점이 아닌 B학점을 받았다면 결국 영리하지 못하다는 것을 의미합니다. 이런 면에서 고정 마인드셋은 자신이 자질과 능력이 있는가 아니면 없는가를 따지는 일종의 흑백사고 경향이라고 말할 수 있습니다.

반면, 성장 마인드셋을 가진 사람들은 새로운 것을 배우고 싶어 하고 도전을 통해서 완전히 익히려는 **학습목표** learning goal 혹은 **숙달목표**mastery learnig를 설정하는 데에 보다 관심을 두죠. 학습목표는 과제의 숙달 및 향상, 이해 증진에 중점을 두며, 스스로 몰랐던 것을 깨우치고 배우는 내용 자체에 더 큰 관심을 갖습니다. 따라서 성장 마인드셋을 가진 사람들은 먼저 어떤 영역에서 유능감을 얻고 그 다음 그것을 완전 습득하는 데 초점을 둡니다. 그들은 삶을 살아가면서 승리와 패배 혹은 성공과 실패에 별 관심이 없고, 그들이 행하는 모든 것으로부터 배우고 성장하는 것에 보다 많은 관심을 둡니다.

고정 마인드셋과 성장 마인드셋을 다음과 같은 여행에 비유하여 생각해 보면 도움이 될 것입니다. 고정 마인드셋을 가진 사람들은 여행 종착점에 도달하는 것에 관심을 두고 여행을 시작하는 반면, 성장 마인드셋을 가진 사람들은 여행을 통해 최대한 많은 것을 즐기고 얻는 것을 목적으로 여행을 시작합니다.

고정 마인드셋을 가진 사람들에게 혼란과 당황에 빠트리게 하는 것은 실패만이 아닙니다. 아이러니하게도 자신의 수행목표를 성취하는 것조차도 불안을 야기할 수 있습니다. 왜냐하면 일단 자신의 수행목표를 달성하면 자신이 영리하고, 능력 있고, 재능 혹은 가치가 있다는 신념을 유지하기 위해 그 수준이나 그 이상의 수행을 계속 보여야 하기 때문이죠. 기준 이하로 떨어지면 자기 자신과 능력에 대한 신념이 흔들리게 되고, 이것은 점점 더 높은 수준에서 수행을 보이도록 부가적인 압력을 행사하는 원인이 됩니다. 따라서 당신이 고정 마인드셋을 가지면 결코 성공하기 어렵습니다.

드웩의 연구는 고정 마인드셋을 가진 사람들이 자신의 수행목표를 성취하는 데 실패하면 무력과 절망을 느끼게 된다는 것을 제시하고 있습니다. 예를 들어, 고정 마인드 셋을 가진 대학생들은 과제를 할 때 오로지 점수에만 초점을 둘 뿐, 학습에 도움이 되거나 다음번에 수행을 개선하는 데 도움이 되는 정보에는 별로 주의를 기울이지 않으며, 또한 교수의 강의내용을 주목하지 않고 무시합니다. 그들이 바라거나 기대했던 것보다 점수가 낮으면 바로 우울해지고 자신감을 상실하게 되며 활력을 잃게 됩니다.

그들은 앞에서 언급한 수행목표를 가지고 있기 때문에 시험에서 실패하거나 바라던 점수를 얻지 못하는 것은 자신이 어리석거나 능력이 없다는 걸 증명하는 것으로 생각하게 됩니다. 그리하여 무언가 보여 주려고 했는데, 실패하거나 기대에 미치지 못하면 눈에 띄게 용기와 자신감이 없어지고 무력감을 갖습니다. 드웩에 의하면, 고정 마인드셋을 가진 사람들은 "나는 결코 그것을 할 수가 없어. 따라서 난 다시는 힘들게 시도하지 않을 거야."라고 말하기 쉽습니다. 결국 이들은 어떤 일에 실패했을 때 자신의 힘으로는 어쩔 수 없는 일이라며 체념해 버리고 포기해 버립니다.

그러나 성장 마인드셋을 가진 사람들은 실패에 대해 크게 신경 쓰지 않습니다. 그들은 학습목표를 가지고 있기 때문에 어떤 기분을 갖게 되는가에 초점을 두기보다는 경험을 통해 무엇을 배웠는가에 초점을 두고 다음번에 경험을 살려 좀 더 잘하도록 하는 데 관심을 기울입니다. 또한 개선과 향상을 위해서 새로운 접근들을 시도하는 데 주저하지 않습니다. 그들은 시험에서 나쁜 점수를 받은 것은 자신이 어리석거나 능력이 없음을 의미하는 것이 아니라 이 시점에서 어떻게 해야 하는가에 대한 반성과 성찰의 기회라고 믿습니다. 즉, 성장 마인드셋을 가진 사람들은 실패를 능력에 대한 도전으로 여기지 않으며, 그들에게 실패는 새로운 것을 배울 기회일 따름입니다.

성장 마인드셋을 가진 사람들은 새로운 성공 전략을 찾는 데 관심을 갖습니다. 아직 배우고 발전하는 중이니까 실패해도 괜찮다고 생각하며 용기를 잃지 않고 원인과 방법을 찾는 데 관심을 기울이죠. 그들은 포기라는 단어와 개념을 전혀 모르는 사람처럼 성공할 때까지 끈기 있게 도전의 문을 두드립니다.

고정 마인드셋을 가진 사람들은 대체로 35%의 노력과

65%의 능력에 의해 지능이 결정된다고 응답하는 반면, 성장 마인드셋을 가진 사람들은 65%의 노력과 35%의 능력에 의해 지능이 결정된다고 응답합니다. 당신은 뭐라고 응답하겠습니까?

고정 마인드셋을 가진 사람들은 노력은 낮은 지능의 표시이며, 따라서 "만약 내가 열심히 일해야 한다면, 그것은 내가 영리하지 못하다는 뜻이다."라고 믿습니다. 이와는 달리 성장 마인드셋을 가진 사람들은 노력을 보다 큰 성공을 가져다주는 것으로 보고, 따라서 열심히 일할수록 더욱더 성공하기 쉽다고 믿습니다. 그리하여 그들은 "만약 내가 처음에 성공하지 못하면 오뚝이 정신으로 될 때까지 열심히 하자." 혹은 "연습보다 좋은 훈련은 없다."는 모토를 가지고 열심히 일합니다.

1988년 서울 올림픽 중 100m 평영에서 금메달을 수상한 영국의 수영선수 에이드리언 무어하우스Adrian Moorhouse를 기억합니까? 그는 바로 전 대회였던 1984년 로스앤젤레스 올림픽에서 좋은 성적을 거둘 것으로 예측되었지만 간신히 4등과 6등을 했습니다. 그 이후 그는 경쟁대상 선수의 기록을 깨뜨리는 것(수행목표)에 초점을 두지 않고, 자신의 수영 실력과 턴 동작을 조금씩 향상시키고 매일 뭔가 새로운 것을 학습하는 데 좀 더 관심을 기울였습니다. 이렇게 함으로써 그는 경쟁 수영선수의 기록 향상 소식을 들었어도 낙담하기보다는 더 열심히 수영 연습에 매진하도록 동기가 유발되었습니다. 이러한 전략이 결국 1988년 올림픽에서 100m 평영 금메달을 수상하게 되는 효과로 이어졌죠. 그의 성공 비결은 바로 성장 마인드셋을 가지고 있었기 때문입니다.

실망 혹은 낙담할 처지에 놓였을 때 포기하지 않고 끈기를 가지고 열심히 지속하는 것이 성공을 위해 중요합니다. 벼락성공은 매우 흔치 않는 일입니다. 성공을 위해서는 그만큼 오랜 시간이 걸리죠. 칭송을 받는 많은 전문 경영인은 자신이 속한 기업의 가장 높은 자리에 오르기 위해 수십 년간 이름 없이 일하여 왔습니다. 인기 있는 연사나 세미나 리더들은 현재 그렇게 많은 사람이 필요로 하는 서비스를 제공할 수 있는 경험과 통찰력을 얻기 위해 인생의 많은 부분을 투자하였습니다. 최고 영업책임자들은 시련과 시행착오, 성공과 실패의 경험으로 기술을 연마하는 데 여러 해를 소비하였습니다. 연구에 따르면 스포츠 분야든 과학 분야든 어떤 분야에서 최고(달인)가 되기 위해서는 1만 시간(약 10년)의 꾸준한 연습이 필요하다고 합니다.

마틴 셀리그만Martin Seligman을 비롯한 긍정심리학자들은, 끈기는 어렵고 노력을 요하는 과제를 연습함으로써 향상될 수 있는 인간의 **성격 강점** 중 하나라고 주장합니다. 또한 긍정심리학자 크리스 피터슨Chris Peterson은 해야 할 일의 목록을 만들어 그중 하나를 매일 행하거나 예정 시간보다 일찍 중요한 일을 끝마치는 것과 같이 새로운 방식으로 당신의 끈기를 활용할 것을 권장합니다. 끈기와 노력은 성공의 어머니인 것입니다.

고정 마인드셋을 가진 사람들과 성장 마인드셋을 가진 사람들의 차이점에 관한 또 하나의 영역은 그들이 도전을 받을 때 보이는 행동입니다. 고정 마인드셋을 가진 사람들은 어떤 일에 실패하거나 역경이 닥쳤을 때, 혹은 원하는 결과가 나오지 않았을 때 자신의 이미지를 보호하고 유지하기 위해 뭔가 새로운 것을 시도하기보다는 얼른 포기하는 경향이 있습니다. 한 번 해 보고 안 되면 움츠러들고 마는 것이죠. 그리되면 결국 성취의 원동력인 열정과 끈기를 발휘할 수 없습니다.

성장 마인드셋을 가진 사람들은 그리 쉽게 단념하지 않습니다. 그들은 실패와 역경을 성장의 과정으로 받아들이며 당면한 문제를 새로운 전략을 시도할 기회로 여깁니다. 해 봐서 안 되면 스스로를 돌이켜 보고 새로운 방법과 전략을 시도하며 끊임없이 적극적으로 달려듭니다. 따라서 그들은 강력한 동기부여와 함께 열정과 끈기를 가지고 실제 새로운 전략을 시도함으로써 결과적으로 성공을 쟁취할 가능성이 높아집니다.

고정 마인드셋을 성장 마인드셋으로 바꾸는 방법

드웩이 사람들에게 고정 마인드셋에서 성장 마인드셋으로 변화시키도록 돕기 위해 사용하는 방법 중의 하나가 그들에게 **뇌기능**에 대해 가르치는 것입니다. 예를 들어, 뇌는 우리가 새로운 것을 학습할 때 새로운 신경 결합을 형성하며, 새로운 결합은 뇌의 성장(크기가 아닌 밀도에 있어서)을 야기하는 것으로 알려져 있습니다. 연구결과에 따르면, 3D 공간을 다루는 뇌의 부위는 택시 운전을 하지 않은 사람들보다 택시 운전을 하는 사람들에게서 밀도가 더 높습니다. 음악을 하는 사람들은 그렇지 않은 사람들보다 청각 피질이 더 발달되어 있습니다.

신경과학에서 밝혀진 결과에 따르면, 무언가 새로운 것을 학습하거나 연습함으로써 뇌가 발달할 수 있다고 합니다. 그러므로 당신의 뇌를 연습을 필요로 하는 근육으로 생각하십시오. 뇌를 보다 많이 연습하면 할수록 뇌는 더욱더 강해집니다.

과거에 당신의 마인드셋이 뜻대로 되지 않았거나 원하는 바를 얻지 못했을 경우를 생각해 보십시오. 아마도 당신은 무언가 성취하고픈 목표를 설정했을 것이고, 그 목표가 성취되지 않았을 때 별 대수롭지 않은 체하면서 포기했을 것입니다. 당신은 실패를 통해서 무엇을 배울 수 있습니까? 고정 마인드셋과 성장 마인드셋에 대해, 현재 알고 있는 것에 비추어 당신은 다음번에 어떻게 달리 행동하겠는지 생각해 보십시오.

직업, 인간관계 혹은 공부에 대해 성장 마인드셋을 드러내 보이는 당신과 가까운 형제나 친구, 직장동료를 떠올려 보세요. 그들이 힘든 좌절이나 일련의 장애물을 극복했던 때를 상기해 보세요. 그들이 문제를 극복하고 해결책을 찾기 위해 무엇을 했는가를 정확하게 숙고해 보세요. 당신은 그들의 접근방법에서 무엇을 배울 수 있는지 생각해 보십시오.

만약 당신이 부모라면, 당신은 자녀가 영리하다거나 민첩하다거나 예술가답다고 말한 적이 있습니까? 혹은 자신을 젊은 소년 같다는 식으로 분류한 적이 있습니까? 불행하게도 이런 식의 꼬리표 붙이기나 분류는 자녀의 마음속에 고정 마인드셋을 굳건히 하는 데 도움이 될 수 있습니다.

기본적인 뇌기능을 가르치는 것뿐만 아니라 다른 사람들, 특히 아이와 젊은이들의 성장 마인드셋을 발달시키기 위해서는 **칭찬**을 사용할 수 있습니다. 연구결과에 따르면, 우리는 그들의 지능(능력)과 결과가 아닌 그들이 기울인 노력과 과정에 대해 칭찬함으로써 성장 마인드셋을 발달시킬 수 있습니다. 따라서 "너는 머리가 참 좋구나." "너는 참 똑똑하구나."라는 말을 사용하지 마세요. 이것은 특히 학생들에게 학습목표가 아닌 수행목표를, 그리고 성장 마인드셋이 아닌 고정 마인드셋을 조장할 뿐입니다.

아이가 뛰어난 능력을 발휘했을 때 "너는 정말 똑똑한 아이구나."라고 말하는 것과 "너는 정말 열심히 했구나."라고 말하는 것은 전혀 다른 효과가 있습니다. 똑똑한 아이라고 칭찬을 받은 아이는 자신의 유능함에 대해 긍정적인 평가를 얻고 부정적인 평가는 회피하려는 동기를 갖게 됩니다. 지능과 능력은 타고난다고 믿을수록 다른 사람에게 똑똑하게 보이고 싶어 합니다. 이런 아이들은 남들보다 빨리 문제를 풀 때 성취감을 느끼죠. 왜냐하면 남들보다 빨리 문제를 푸는 것은 자신의 지능과 능력이 뛰어남을 입증하는 것이 되기 때문입니다. 이러한 생각의 부작용으로 뛰어난 성과에 대해 칭찬을 받은 아이들일수록 어려운 문제를 회피하게 됩니다. 어려운 문제를 못 풀면 그만큼 자신의 지능과 능력이 낮은 것을 의미하기 때문이죠. 쉬운 문제만 고집하면 기분은 좋을지 몰라도 그만큼 배움의 기회가 적어 향상되지 않습니다.

아이의 노력에 대해 칭찬을 하면 아이는 자신이 노력을 기울인 과정에 대해 긍정적인 평가를 내립니다. 똑똑하다고 칭찬을 받은 아이보다 열심히 했다고 칭찬을 받은 아이가 만족도가 더 높고 도전적인 성향을 갖습니다. 노력에 의해 성과가 달라질 수 있다는 믿음을 갖는 아이는 문제를 해결하는 과정에 초점을 맞추면서 쉬운 문제보다 어려운 문제를 풀었을 때 성취감을 더 느낍니다. 노력에 대해 칭찬을 받은 아이는 남에게 자신의 똑똑함을 자랑하기 위해서가 아니라 자신의 목표를 이루기 위해 노력합니다. 요컨대, 지능(능력)이나 결과보다 노력과 과정을 중시해야 칭찬이 효과를 봅니다.

그러므로 공부나 일을 잘하기 위해 필요한 것은 선천적 지능이나 재능이 아닙니다. 자신의 능력에 대한 긍정적 믿음과 태도가 무엇보다 중요하죠. 당신의 자녀가 공부 잘하기를 바라고, 부하 직원이 일 잘하기를 바란다면, 자녀나 직원에게 당연히 잘할 수 있을 거라는 자신감을 계속 불어넣어 주어야 합니다. 따뜻한 격려와 용기를 북돋아주는 말 한마디가 모든 것을 바꿀 수 있습니다. 인간의 능력은 고정 불변한 것이 아니라 얼마든지 성장하고 개발될 수 있다는 믿음이 자기성장과 성공의 발판이 된다는 것을 잊지 마십시오.

📄 요약 및 복습

1. 마인드셋은 심적 경향이나 태도, 신념, 마음가짐 혹은 사고방식을 의미하며, 고정 마인드셋과 성장 마인드셋의 두 종류가 있습니다. 고정 마인드셋은 자신의 자질

과 능력이 이미 일정한 수준으로 정해져 있고 변하지 않는다는 신념과 사고 체계이고, 성장 마인드셋은 자신의 자질과 능력이 노력과 학습을 통해 성장하고 향상될 수 있다는 신념과 사고 체계입니다.

2. 마인드셋은 개인의 행동과 삶의 방식에 큰 영향을 미칩니다. 고정 마인드셋을 가진 사람은 불확실한 것을 도전하기보다는 자신의 현재 능력으로 충분히 소화해 낼 수 있는 일과 과제에만 매달리고, 자신의 능력을 증명해 보이고 얼마나 똑똑한가를 나타내고자 하는 수행목표를 지향하며, 자신의 수행목표를 성취하는 데 실패하거나 역경이 닥쳤을 때 무력감과 절망감을 갖고 체념과 포기 상태에 빠지게 됩니다.

3. 성장 마인드셋을 가진 사람은 도전적이고 불확실한 과제를 선호하고 과제를 성취해 가는 과정을 즐기며, 과제의 숙달과 향상 및 이해 증진에 중점을 두고 몰랐던 것을 깨우치고 배우는 내용 자체에 큰 관심을 두는 학습목표를 설정하고, 실패와 역경을 도약과 발전 혹은 반성과 성찰의 기회라고 믿고 열정과 끈기를 갖고 새로

운 방법과 전략을 시도합니다.

4. 고정 마인드셋을 가진 사람은 노력은 낮은 지능의 표시로 여기며 "만약 내가 열심히 일해야 한다면 그것은 내가 영리하지 못하다는 뜻이다."라고 믿습니다. 반면에, 성장 마인드셋을 가진 사람은 노력을 보다 큰 성공을 가져다주는 것으로 보고 "연습보다 좋은 훈련은 없다."는 모토를 갖고 열심히 노력합니다.

5. 당신의 마인드셋을 성장 마인드셋으로 무장하기 위해서는 직업, 인간관계 혹은 공부에 대해 성장 마인드셋을 가진 주변 사람을 떠올려 보고 그들이 힘든 좌절과 역경을 어떻게 극복했는가를 살펴보고 이를 토대로 배울 점을 찾아 실천해 보는 노력이 필요합니다. 그리고 주변 사람들의 성장 마인드셋을 발달시키기 위해서는 그들의 능력과 결과가 아닌 노력과 과정에 중점을 두고 칭찬하고 격려하십시오.

6. 당신의 능력은 고정 불변한 것이 아니라 얼마든지 성장하고 개발될 수 있다는 신념과 사고가 자기성장과 성공의 발판이 된다는 것을 잊지 마십시오.

제8장
심리적 회복탄력성을 키워라

;

삶이란 항상 오르막과 내리막이 있기 마련이죠. 불행하게도 사람은 누구나 역경의 사건이나 경험에 대처하지 않으면 안 될 때가 있습니다. 그러나 역경에 처했을 때 그것을 극복하기 위해 노력하여 결과적으로 살아남고 더욱 강해지는 사람들이 있는가 하면, 이와 반대로 작은 역경에도 불구하고 쉽게 좌절하고 무너지는 사람들도 있습니다. 미국 하버드대학교 의학박사이자 심리학자인 죠앤 보리센코Joan Borysenko는 이런 두 종류의 사람들 사이에 차이를 만드는 것은 바로 **심리적 회복탄력성**psychological resilience 때문이라고 하였습니다. [1]

심리적 회복탄력성은 많은 사람이 자신의 목표를 성취하기 전에 포기하게 만드는 두 가지 이유인 스트레스와 역경에 적응하는 능력입니다. 다시 말해, 심리적 회복탄력성이란 살면서 마주치게 되는 시련과 고난, 위기와 역경, 스트레스와 좌절을 이겨내는 긍정의 힘을 말합니다.

심리적 회복탄력성에 영향을 미치는 인성적 특성은 무엇일까요? 보다 회복탄력적이 되기 위한 최상의 방법은 무엇일까요? 이 장에서는 이러한 질문에 대한 답을 찾아보고자 합니다.

그릿이 강한 사람들의 가장 중요한 인성적 특성

연구결과[2]에 따르면 그릿은 성실과 밀접한 관련성이 있습니다. 성실한 사람은 철저하고, 신중하고, 방심하지

---

1   Borysenko, J. (2009). *It's not the end of the world: Developing resilience in times of change*. Carlsbad, CA: Hay House.
2   Duckworth, A. L., Peterson, C., Matthews, M. D., & Kelly, D. R. (2007). Grit: Perseverance and passion for long-term goals. *Journal of Personality and Social Psychology, 92*(6), 1087-1101.

않고, 효율적이고, 근면하며, 자기통제적이죠. 그들은 대체로 신뢰할 만하고 체계적인 사람들입니다. 극단적일 경우 그들은 완벽주의적이고 일에 매달리는 성향을 보입니다.

만일 성실이 당신의 장점이 아니라면 실망하지 마십시오. 보다 성실하게 되기 위한 다음과 같은 여러 방법이 있기 때문입니다.

- **성실의 구체적인 부분을 개선하는 데 초점을 두십시오.** 예를 들어, 당신의 책상을 정리 정돈하는 습관을 기르고 매주 책상을 닦으세요. 또는 시간엄수에 초점을 두세요.

- **일일 계획을 세우십시오. 계획을 세워 실천하는 삶을 만드세요.** 조그만 메모장을 들고 다니거나 휴대폰의 애플리케이션을 이용할 수 있습니다. 이것은 당신의 자제력을 개선시켜 주며, 자제력은 당신을 보다 지속적으로 일하도록 만들어 줄 것입니다.

- **중요한 일을 상기하기 위해서 테크놀로지를 이용하십시오.** 만일 당신이 해야 할 일을 잊어버리는 나쁜 기억력을 갖고 있다면 당신의 폰이나 컴퓨터에 알림장을

설정하세요.

- **약속을 지키십시오.** 당신이 누군가에게 뭔가를 약속했다면 아무리 사소한 것이라도 지키세요. 그러면 사람들은 당신을 신뢰할 수 있는 사람이라고 생각할 것이며, 이는 다시 당신을 자신에게 한 약속을 더 잘 지키도록 해 줄 것입니다.

- **잡동사니를 정리하십시오.** 미니멀리즘minimalism, 즉 물건을 더 적게 소유하고 더 많은 것을 경험하는 것에 초점을 두는 것을 시사하는 "더 적은 것이 더 많은 것이다less is more"라는 철학을 읽어보세요. 최소한의 물건만 소유하며 사는 삶에 있어서는 간결한 것이 더 아름다운 법이죠. 미니멀리즘은 당신의 주변 환경을 덜 혼란스럽게 만들어 줄 것이며, 이는 다시 당신을 보다 조직적으로 만들어 줄 것입니다.

회복탄력성을 키우기 위한 가장 중요한 기술

학자들은 심리적 회복탄력성을 "변화하는 상황적 요구에 유연하게 반응하고, 부정적인 정서 경험에서 회복하는 능력"[3]이라고 정의합니다. 회복탄력적인 사람들은 스트레스를 주는 사건에서조차도 긍정적 정서를 경험하며, 이는 그들을 역경에도 불구하고 재빨리 반대 방향으로 튀어오르도록 도와줍니다.

따라서 심리적 회복탄력성을 키우기 위한 가장 중요한 기술은 당신이 어려움을 겪고 있는 것을 무엇인가 긍정적인 것으로 전환시키는 방법을 배우는 것입니다. 똑같은 상황도 관점을 달리하면 다르게 보입니다. 이를 행하기 위한 주된 기법이 바로 **관점 바꾸기**reframing입니다.

역경과 어려움은 누구에게나 닥쳐오지만 그 역경과 어려움을 어떤 태도로 대하고 어떤 관점으로 바라보느냐가 중요합니다. 관점을 바꾸면 물이 반밖에 없는 컵에 물이 반이나 차 있게 되죠. 개구리의 눈으로 보면 실개천이 세상 전부일 뿐이지만, 고래의 눈으로 보면 태평양이 내 세상이 됩니다.

관점 바꾸기는 나쁜 경험과 생각을 보다 긍정적인 것으로 전환하는 방법입니다. 당신이 직면한 문제를 당신의

3   Tugade, M. M., Fredrickson, B. L., & Barrett, L. F. (2004). Psychological resilience and positive emotional granularity: Examining the benefits of positive emotions on coping and health. *Journal of Personality*, *72*(6), 1161-1190.

목표를 성취하는 것을 방해하는 것으로 생각하기보다는 오히려 당신이 성장할 수 있는 기회라고 여길 수 있습니다. 위기가 곧 기회라는 말도 있지 않습니까?

당신이 계속하여 고난을 겪고 있을 때, 이 고난을 당신이 목표를 성취했을 때 말하게 될 믿어지지 않는 이야기의 한 부분으로 재구성할 수 있습니다. 이러한 관점 바꾸기의 기법을 **시각화**visualization와 결합시킬 수 있습니다. 자신이 목표를 성취한 날을 상상하며 그동안 겪은 온갖 고난과 극복해야 했던 장애물을 떠올려 보십시오. 그러면 당신이 현재의 순간으로 돌아오면 지금 처한 문제를 보다 새롭고 동기를 불어넣어 주는 관점에서 보게 될 것이고, 이는 당신의 회복탄력성을 키워 줄 것입니다.

관점 바꾸기의 예를 몇 개 소개해 보겠습니다.

다섯 번이나 계획했던 사업을 실패한 어느 기업가는 그 사업들이 사실상 실패가 아니라 무엇인가를 더 많이 배우기 위한 기회였다고 여깁니다. 따라서 새로 계획하는 사업은 무엇이든 잘될 수 있다고 믿습니다.

체중을 감량하기 위해 애쓰는 한 여성은 패스트푸드에 대한 갈망을 막을 수 없어서 여러 날을 연속하여 패스트푸드를 폭식하였습니다. 그녀는 자신의 이런 실패를 통제하지 못하게 만드는 것이 무엇인가를 찾기 위한 기회로 생각할 수 있습니다.

회사에서 가장 유능한 직원이 되고 싶은 한 영업사원은 매번 거래 때마다 소비자에게 거절을 당합니다. 그러나 이러한 거절 경험을 통해서 잘 거래할 수 있는 방법을 터득하게 되고, 이는 영업에 있어서 좋은 경력이 됩니다. 또한 이 사람이 영업 관리자가 되었을 때 동기를 불러일으키는 모범 실천 사례가 될 것입니다.

'자살'을 거꾸로 읽으면 '살자'가 되고, '역경'을 거꾸로 읽으면 '경력'이 되며, '내 힘들다'를 거꾸로 읽으면 '다들 힘내'가 됩니다. 이처럼 어떤 상황을 거꾸로 생각하고 보면 완전히 다른 의미를 갖게 됩니다. 그러니 실패에서 교훈을 얻고 이를 반전의 기회로 삼으며, 고통 속에 숨겨져 있는 장점을 많이 찾아내기 위해서는 관점을 바꾸어 보도록 합시다.

회복탄력성을 키우기 위한 다섯 가지 방법

천성적으로 역경에 대한 대처 준비가 잘되는 사람들이

있는가 하면, 이러한 기술을 발달시켜야만 하는 사람들도 있습니다. 역경과 고난을 이겨내는 심리적 회복탄력성을 키우기 위해서는 다섯 가지 주요한 방법이 있습니다.

변화를 포용하라

융통성은 회복탄력성의 가장 중요한 측면 중 하나입니다. 상황 변화에 적응하는 데 어려움을 겪는 사람은, 접근 방법을 변화시킬 수밖에 없을 때 자신의 목표를 향해 계속 나아가는 것을 힘들어합니다.

보통사람들은 갑작스럽고 큰 변화에 압도당하는 반면, 회복탄력성이 강한 사람들은 이러한 변화를 배우기 위한 기회로 이용합니다. 그들은 실망하기보다는 적응하여 잘 해냅니다.

변화를 포용하기 위한 능력은 연습을 통해 길러집니다. 당신의 삶에 있어서의 잦은 변화는-습관 같은 작은 변화이든 직업상의 큰 변화이든-당신에게 이러한 기술을 습득하고 좀 더 융통성이 있도록 하는 데 도움이 될 수 있습니다.

당신의 삶에 있어서 정기적으로 실험도 해보고 일상적인 절차를 이와 같은 방식으로 바꿔도 보십시오. 만일 당신이 항상 아침 8시에 일어난다면 6시에 일어나 이에 적응하도록 노력해 보세요. 당신이 항상 하루에 다섯 번 음식을 먹는다면 한 번만 먹도록 노력해 보세요. 만일 당신이 자영업을 하고 있다면 매일 일하는 방식과 장소를 달리해 보세요.

해외여행, 특히 답사 성격의 여행(바닷가에서 일광욕을 하는 것이 아닌)은 변화에 좀 더 잘 적응하기 위한 좋은 방법입니다. 당신이 여행하는 나라의 문화가 다르면 다를수록, 더욱더 변화에 적응하기 위한 방법을 배우게 될 것입니다.

지지해 주는 친구와 가족과의 연결망을 강화하라

회복탄력성이 강한 사람은 아무리 역경에 대처하기 위한 준비가 잘 되어 있다 하더라도 혼자서는 어렵습니다. 아프리카 속담에 '빨리 가려면 혼자 가고 멀리 가려면 함께 가라.'는 말이 있습니다. 함께 할 수 있는 사람이 있으면 역경을 훨씬 더 헤쳐 나가기 쉽습니다. 만일 당신이 삶의 도전을 요구하는 큰 목표를 향해 일하고 있다면 강한 사회적 연결망을 반드시 구축해야만 합니다.

언제나 지지해 주는 친구와 가족들에게 의지할 수 있

다는 것을 알면, 스트레스를 주는 사건에 처하더라도 침착함을 유지하는 데 도움이 될 것입니다.

낙관적이 되라

비관주의자는 모든 기회에서 역경을 보고, 낙관주의자는 모든 역경에서 기회를 봅니다. **낙관주의**와 회복탄력성은 관련성이 있습니다. 회복탄력적인 사람들은 아무리 심각한 상황이라도 긍정적인 태도로 바라볼 수 있습니다. 보다 낙관적이 되기 위한 가장 중요한 기술은 앞에서 논의한 바 있는 관점 바꾸기이죠. 관점 바꾸기 외에 당신의 삶에 있어서 좀 더 낙관주의를 취할 수 있는 세 가지 방법을 소개하면 다음과 같습니다.

1. 웃으세요. 연구결과[4]에 따르면 보톡스Botox 주사를 맞아 눈살을 찌푸릴 수 없는 사람은 눈살을 찌푸릴 수 있는 사람보다 부정적인 기분을 훨씬 덜 경험한 것으로 나타났습니다. 당신은 자연스럽게 눈살을 찌푸리지 않을 수

---

4 Lewis, M. B., & Bowler, P. J. (2009). Botulinum toxin cosmetic therapy correlates with a more positive mood. *Journal of Cosmetic Dermatology*, *8*(1), 24-26.

있는데, 그것은 자주 웃는 것이죠. 당신이 웃음 짓거나 즐거운 표정을 지을 때 스스로 기분이 좋아지기도 하지만, 다른 사람들 역시 기분이 좋아지고 당신을 더욱 좋아하게 될 것입니다. 웃음이 있는 곳에 행복이 있고, 각종 좌절과 역경도 웃음으로 이겨낼 수 있습니다. 그래서 소문만복래笑門萬福來, 즉 웃는 사람에게 많은 복이 온다고 하지 않습니까? 비록 당신이 반드시 웃을 기분이 아니라 하더라도 웃어 보세요. 억지웃음fake smile만으로도 당신의 기분을 긍정적으로 만들 수 있을 것입니다. 연구에 따르면 억지웃음도 진짜웃음의 90% 효과가 있다고 합니다.

2. 당신이 축복받은 것을 헤아려 보세요. 감사에는 여러 형태가 있습니다. 당신이 받은 축복을 세어 보는 것도 감사이고, 어떤 사람에게 고마움을 느끼는 것, 자연과 신에게 감사하는 것, 역경 속에서도 긍정적인 면을 발견하는 것 역시 감사입니다. 여러 연구들[5]에 따르면 감사함을 표현하는 것은 기분을 향상시키고, 행복감을 오랫동안 증진

---

5   Emmons, R. A., & McCullough, M. E. (2003). Counting blessings versus burdens: An experimental investigations of gratitude and subjective well-being in daily life. *Journal of Personality and Social Psychology*, *84*(2), 377-389.; Seligman, M. E., Steen, T. A., Park, N., & Peterson, C. (2005). Positive psychology progress: Empirical validation of interventions. *The American Psychologist*, *60*(5), 410-421.

시키며, 우울증을 감소시킨다고 합니다. 감사한 마음을 일기, 카드, 편지 등 여러 형식으로 써서 표현할 수 있습니다. 하루에 당신이 감사해야 할 일 세 가지를 노트에 적어 보기만 해도 감사가 주는 효과를 경험하기에 충분할 것입니다.

감사해야 할 일을 쓸 때는 무미건조하고 기계적으로 주절주절 나열하기보다는 무엇이, 왜, 어떻게 감사한지를 구체적이고 솔직하게 표현하는 것이 좋습니다. 또한 '때문에'가 아니라 '덕분에'로 쓰는 것이 좋습니다. 왜냐하면 때문에로 쓰면 원인과 결과만을 따지게 되어 결국 남 탓만 하게 되기 때문이죠. 우리 주변에 있는 모든 것 덕분으로 우리가 잘 살고 있고, 많은 문제가 해결됨을 감사하기 위해 쓰는 것입니다.

3. ABCDE 모델을 따르세요. 심리학자 앨버트 엘리스 Albert Ellis는 비합리적이고 불합리한 사고나 신념을 변화시킬 수 있는 **ABCDE 모델**을 제시하였습니다. 여기서 ABCDE 는 비합리적이고 불합리한 사고나 신념을 갖도록 만든 불행한 사건Activating events, 자신의 잘못된 신념Belief, 그 사건을 겪고 난 정서적·행동적 결과Consequence, 잘못된 사고 방식이나 신념 체계에 대한 논박Disputation, 그리고 생각을

바꾸고 실행에 옮긴 효과Energization를 의미하는 영문 첫 자를 딴 약어입니다. 불행한 일을 겪은 뒤에 이를 당연시하는 당신의 비관적이거나 절망적인 생각 및 태도를 파악한 다음, 효과적으로 논박하면 다양한 기회와 행복을 지레 포기하는 당신의 비관적이거나 절망적인 생각, 태도를 바꿀 수 있을 것입니다. 당신의 잘못된 반응을 보다 긍정적인 것으로 바꾸기 위해 ABCDE 모델을 사용해 보세요.

- **불행한 사건(A):** 최근의 불행한 사건을 객관적으로 진술한다. "나는 새로운 직장을 구하고자 지원했으나 거절당했다."
- **신념(B):** 당신이 불행한 사건에 직면했을 때 자신에게 말하고자 하는 것을 기록한다. "난 부족한 사람인가 봐. 난 좋은 직장을 절대로 구하지 못할 거야."
- **결과(C):** 당신이 불행한 사건 때문에 느꼈던 기분이나 취한 행동은 무엇인가? "내가 한심하게 느껴진다. 새 직장을 구하는 것을 멈추게 되고, 내 자신에 대해 자괴감이 느껴진다. 여하튼 난 전보다 훨씬 기분이 안 좋다."
- **논박(D):** 당신의 신념에 반대되는 증거를 찾거나 다

른 관점에서 보라. "그것은 사실이 아니다. 난 2, 3년 전에 어느 직장에서 일했고, 동료직원들이 언제나 나를 칭찬해 주었다." 혹은 "아마도 내가 지원했던 직장이 나에게 맞지 않았을 거야. 나를 거절했다고 해서 그것이 내가 부족한 사람이라는 것을 의미하는 것은 아니잖아. 내가 아직 지원하지 않은 회사들이 너무 많이 있어."

- **실행 및 효과(E)**: 당신이 자신의 신념을 논박했을 때 기분이 어떠했는가? "생각을 바꾸니 기분이 한결 좋아졌고 새 직장을 구하기 위한 내 능력에 대해 훨씬 더 자신감을 느낀다. 나는 많은 능력과 장점을 갖고 있다는 것을 알아. 다음에 지원할 때는 그것을 보여줄 거야."

당신 자신을 돌보라

회복탄력성이 부족할 때 역경에 대한 일반적인 반응은 자신을 잘 돌보지 않는다는 것입니다. 당신은 식사와 건강 및 수면을 소홀히 하고, 자신을 행복하게 만드는 일들을 행하려고 하지 않습니다.

회복탄력성이 강한 사람들은 위기에 처했을 때 자신의

습관을 바꾸지 않습니다. 심한 좌절과 실패를 경험할지라도 자신의 필요와 요구를 여전히 볼 수 있습니다.

좋은 상황이든 나쁜 상황이든 언제나 자신을 잘 보살피세요. 만일 위기에 처했을 때 당신의 그릇된 행동이 자신의 필요와 요구를 소홀히 하게 된다면, 비록 행복감을 느끼지 못한다 할지라도 자신의 평소 습관을 유지할 수 있도록 노력하세요.

문제해결능력을 키우라

당신 앞에 놓인 문제가 아무리 복잡한 것일지라도 당신이 그것을 처리할 수 있는 지식을 갖고 있으면 보다 회복탄력적인 사람으로 만들어 줄 것입니다. 그리고 이러한 지식은 오로지 문제해결능력과 실세계 경험에서 연유합니다.

당신이 문제에 직면할 때마다 그것을 다루기 위한 일련의 방법을 떠올려 보세요. 자신의 아이디어 근육을 연습하면 할수록 더욱더 당신의 문제해결기술은 향상될 것입니다.

당신이 얻게 되는 모든 기회를 실전에 이용하십시오. 친구들의 말에 귀를 기울이고 그들이 갖고 있는 문제를 해결하도록 도와주세요. 도전거리를 가정해 보고 그것을 다루기 위한 방법을 떠올려 보세요. 모든 문제를 다양한 관점에서 바라보세요. 인습과 틀에 얽매이지 않는 방식으로 문제를 해결하는 것을 두려워하지 마십시오.

📄 **요약 및 복습**

1. 성실성은 그릿이 강한 사람들의 가장 중요한 특성입니다. 보다 성실한 사람이 되기 위해서는 자신을 좀 더 조직적이고 신뢰할 수 있는 사람이 되게 하세요. 당신 주변의 혼란을 감소시키기 위해서 미니멀리즘의 철학을 따르는 것을 고려해 보세요.

2. 보다 회복탄력적인 사람이 되려면 관점 바꾸기를 사용하십시오. 당신이 나쁜 상황을 다룰 때마다 그 나쁜 상황 속에서 긍정적인 면을 찾아보세요.

3. 당신의 삶의 크고 작은 변화에 대해 보다 융통성을 갖고 그 변화를 잘 포용하십시오.

4. 당신의 목표를 도달해 가는 과정에서 당신을 지지하기 위한 강한 사회적 연결망을 확대해 나가세요.

5. 낙관주의는 당신을 보다 회복탄력적인 사람이 되도록 도와줄 것입니다. 자주 웃으세요. 억지웃음이라 하더라도 당신의 기분을 개선시켜 줄 것입니다. 매일매일 감사함을 표현하세요. 날마다 좀 더 긍정적인 태도를 나타내 보이기 위해서 ABCDE(불행한 사건, 신념, 결과, 논박, 실행 및 효과) 모델을 따르세요.

6. 언제나 당신 자신을 잘 돌보세요. 어떤 위기가 당신을 망가뜨리지 않도록 하십시오. 왜냐하면 그것은 당신이 문제에 대처하기 위한 준비를 갖추지 못하도록 할 것이기 때문입니다.

7. 당신의 자신감을 증진시키기 위해서 문제해결기술을 연마하세요. 당신이 당면한 문제, 친구들이 갖고 있는 문제, 일어날 가능성이 있는 문제에 대한 해결책을 찾아내세요.

제9장
포기하지 않기 위한 다섯 가지 기법

;

　가장 지속력이 있는 사람들조차도 가끔은 의심하거나 싸우고 포기하고 싶을 때가 있습니다. 이렇게 우리가 포기하고 싶은 마음이 들 때 이를 상당 부분 감소시킬 수 있는 여러 효과적인 기법들이 있습니다.

　당신이 어떤 목표를 설정하기 전에는 먼저 나온 두 가지 기법을 사용하시고, 나머지 세 기법들은 당신이 힘들어할 때 도와주는 기법이 될 것입니다.

대가를 지불하라

연구결과에 따르면 **위탁계약**은 돈을 모으는 데 도움이 되기 위한 도구로서 효과적이라고 합니다.[1] 당신은 서로 다른 목표를 모두 상보적으로 달성하기 위해 대가로 지불해야 할 돈을 마련하고 유사한 결과를 성취할 수 있습니다.

당신이 포기할 위험에 처했을 때 그 대가로 지불해야 할 돈이 많으면 많을수록 더욱더 포기하고 싶은 마음을 덜 갖게 될 것입니다. 만일 정말 성공하고 싶다면 목표를 향해 일을 시작하기 전에 대가로 지불해야 할 돈을 정해 놓으세요.

예를 들어, 당신이 평소보다 일찍인 6시에 일어나고 싶다면 그 시간에 깨워주는 사람에게 5만 원을 맡겨 놓고 당신이 그 시간에 일어나지 못할 경우 그 사람이 5만 원을 가져가도록 하십시오.

만일 당신이 체중을 감량하고 싶다면 다이어트 중에

---

1   Ashraf, N., Karlan, D., & Yin, W. (2006). Tying odysseus to the mast: Evidence from a commitment savings product in the Philippines. *Quarterly Journal of Economics*, *121*(2), 635-672.

케이크 한 조각(천 원)을 먹을 때마다 5만 원씩 자신에게 벌금을 부과하세요. 그러면 평소보다 대략 50배의 비용을 지불하게 되는 셈이 되기 때문에 머지않아 당신이 좋아하는 건강에 안 좋은 음식을 포기하게 될 것입니다.

긍정적 동기positive motivation가 당신으로 하여금 지속하도록 하는 데 충분하지 않다면 부정적 동기negative motivation가 작동할 수 있습니다.

대가로 지불해야 할 돈을 정해 놓는 것은 당신이 자신의 목표를 얼마나 나쁘게 성취하고 싶은가를 평가하는 좋은 방법이 되기도 합니다. 만일 당신이 대가 지불을 꺼린다면 당신이 포기하게 되는 것에 대한 두려움을 떨쳐버릴 수 없을 것입니다. 그런 경우 적절한 부정적 동기가 없다면 당신의 목표를 성취하지 못할 것임에 틀림없습니다.

StickK.com은 자신의 목표에 도달하기 위해 지불해야 할 대가를 세우는 것에 관심 있는 사람들을 위한 가장 큰 온라인 커뮤니티입니다.

스스로 책임을 져라

공적 책임public accountability은 대가로 지불해야 할 돈을 정해 놓는 변형된 방식입니다. 포기해야 하는 것에 대해 당신 스스로 대가를 지불하는 대신 공개적으로 망신을 주는 것이죠. 사람들에 따라 이런 방법은 돈을 잃게 하는 것보다 훨씬 많은 동기를 부여하는 효과를 보입니다.

당신 스스로 책임을 지기 위한 가장 쉬운 방법 중 하나는 비슷한 목표를 성취하려는 다른 사람과 협동하는 것입니다. 두 사람이 각자 책임을 다할 때 그들 모두가 혼자 행할 때보다는 훨씬 더 목표를 성취하기 쉽습니다.

연구결과에 따르면 파트너와 함께 에어로빅 운동 연습을 하면 수행 결과가 향상됩니다.[2] 더욱이 연구결과는 운동을 좀 더 잘하는 파트너와 함께 연습하면 당신을 보다 지속적으로 연습하게 한다는 것을 시사하고 있습니다.[3]

2   Irwin, B. C., Scorniaenchi, J., Kerr, N. L., Eisenmann, J. C., & Feltz, D. L. (2012). Aerobic exercise is promoted when individual performance affects the group: A test of the Kohler motivation gain effect. *Annals of Behavioral Medicine*, *44*(2), 151-159.
3   Feltz, D. L., Irwin, B., & Kerr, N. (2012). Two-player partnered exergame for obesity prevention: Using discrepancy in players' abilities as a strategy to motivate physical activity. *Journal of Diabetes Science and Technology*, *6*(4), 820-827.

당신은 또한 자신의 목표를 모든 친구와 가족들에게 말할 수 있습니다. 혹은 당신의 목표를 사회적 매체를 통해 공유할 수도 있죠. 만일 당신이 친한 사람들을 실망시킬 것이라는 사실을 안다면 포기하기가 훨씬 더 어렵습니다. 당신이 추구하고 있는 목표의 달성이 친한 사람들에게도 이득이 된다면 더욱 그러합니다.

스스로 책임을 지기 위한 또 다른 방법은 경험이 많은 코치와 함께 일하는 것입니다. 전문가의 지도와 조언은 당신의 자신감을 증진시키고, 당신이 장애물을 만났을 때 포기하지 않고 지속해 나가도록 도와주게 될 강력한 지지를 보내 줄 것입니다.

비전을 다시 읽어라

당신의 비전을 다시 읽으세요. 그리고 만일 당신이 비전을 갖고 있지 않다면 글로 적어 보세요.

그렇다면 이 비전은 당신이 일정한 시간 내에(예: 1년 내에) 자신의 삶을 어떻게 그려나갈 것인가를 기술해 놓은 문서가 될 것입니다. 그러나 삶의 모든 작은 부분까지 기술하는 비전을 반드시 써야 할 필요는 없습니다(비록 그것이 강력한 동기부여의 요인이라 할지라도요). 당신은 목표마다 하나씩 그 성취를 기술하는 비전을 짧게 쓸 수 있습니다. 당신의 비전을 보다 강하고 호소력 있게 만들기 위해 이미지와 비디오를 이용하셔도 좋습니다.

예를 들어, 만일 당신이 체중 감량을 원하고 보다 좋은 몸매를 갖고 싶다면 그런 사람의 사진을 찾아보세요. 사진을 보고 당신이 느끼는 것, 원하는 것, 그리고 얼마나 자주 운동해야 하는지를 기술하세요.

만일 당신이 사업을 성공적으로 일으키고 싶다면 사업을 통해 번 돈으로 해야 할 일이나 경험을 상상해 보세요. 당신의 사업이 고객들에게 어떤 도움이 되는지, 직원들이 회사에 대해 어떻게 느끼는지, 그리고 당신은 오너로서 어떻게 느끼는지 적어 보세요.

만일 당신이 새로운 직장을 구하고 싶다면 자신이 꿈꾸는 바를 리스트로 만들어 고용자들에게 보여 주세요. 당신으로 하여금 새로운 직장을 계속 찾도록 동기를 부여하는 회사와 관련 자료에 대한 사진을 찾아보세요.

초점질문을 하라

당신이 나쁜 정서를 경험하고 더 이상 계속할 필요가 없다고 느끼면 자신의 목표에 초점을 두기 어렵습니다. 최종적인 결정을 하기 전에 스스로에게 다음과 같은 질문을 던져 보세요.

1. 만일 당신이 포기하면 행복하겠습니까? 당신의 남은 삶도 과연 행복하겠나요?

때때로 포기하지 않고 계속하게 하는 것은 당신의 궁극적인 목표를 상기하는 일입니다.

2. 당신이 포기하지 않고 계속했지만 자신의 목표를 성취하지 못했을 때 발생할 수 있는 최악의 결과가 무엇입니까?

오스트리아 태생의 미국의 배우이고 보디빌더이자 정치인이었던 아널드 슈워제네거Arnold Schwarzenegger는 한때 "힘은 이기는 것에서 나오지 않습니다. 당신이 분투할 때 힘이 강해집니다. 당신이 고통을 겪으면서도 이에 굴복하지 않는다면 그것이 바로 힘인 것입니다."라고 말했습니다.

비록 당신이 자신의 목표를 성취하지 못하더라도 당신

이 그것에 도달하기 위해 노력했을 때 당신이 되어야 했던 사람은 생각했던 것보다 괜찮은 사람이었을 것입니다.

3. 당신이 포기한 이유를 다른 사람에게 말하면 어떤 기분이 들까요?

당신의 친구들에게 당신이 건강한 몸매의 사람이 되기보다는 텔레비전 시청을 더 좋아하기 때문에 포기해 버렸다고 말하면 행복한 기분이 들까요? 당신의 배우자에게 함께 많은 세월을 보내기보다는 담배가 당신에게 주는 기분이 더 중요하기 때문에 금연을 시도하는 것을 포기해 버렸다고 말하고 싶은가요?

4. 당신이 있기까지 얼마나 많은 희생이 있었습니까?

손실회피성향은 당신에게 나쁜 목표를 추구하게 만들 수 있지만, 또한 당신이 올바른 일을 하고 있다는 것을 알 때 포기하지 않고 계속 하도록 동기를 부여하기 위해서 활용할 수 있습니다. 당신이 자신의 목표를 달성하기 위해 투자했던 시간과 돈 그리고 노력을 생각하면 목표에서 달아날 가능성이 훨씬 줄어들 것입니다.

5. 당신의 가장 친한 친구에게 입장이 바뀌었다면 뭐라고 말하겠습니까?

당신의 분투를 다른 관점에서 바라보세요. 그러면 당

신에게 신선한 관점을 갖게 해 주고 전체 상황에 초점을 두도록 도와줄 것입니다.

체중 감량을 하고 싶었던 사람이 자신의 친구였다면 어떻게 했을까요? 친구가 컵케이크를 너무나도 먹고 싶어 하니까 체중 감량을 포기하라고 말하겠습니까, 아니면 체중 감량을 할 수 있도록 친구를 도와주고 그가 대단한 일을 행하고 있다고 말해 주겠습니까?

사업의 성장을 위해 열심히 일하고 있지만 고객들이 잘 오지 않는 친구에게 뭐라고 말하겠습니까? 그 친구에게 사업을 포기하라고 말하겠습니까, 아니면 새로운 마케팅 전략을 시도해 보라고 동기를 부여하겠습니까?

자기와의 대화를 하라

자기대화self-talk는 외부로 향하던 말의 방향을 내면으로 돌려 자신의 마음을 진정으로 들여다보고 소통하는 것입니다. 자기를 부정하고 회의하는 내면의 말과 생각이 우리의 능력을 저해합니다. 당신의 말이 달라지면 당신의 세상이 달라집니다. 걱정, 두려움, 불만, 의심, 질투, 분노와 같은 부정적인 감정은 은연중에 자신감을 떨어뜨리는 말을 하게 만들고, 해소하지 못한 부정적인 에너지가 우리 몸에 쌓이게 됩니다. 이를 해결하기 위해 긍정적인 말을 자신에게 끊임없이 건네며, 부정적인 사고 과정에 개입하여 뇌가 긍정적인 행동을 취할 수 있도록 바꿔 주어야 합니다.

스포츠심리학 연구[4]에서는 자기대화가 수행을 촉진하는 데 효과가 있다는 것을 입증해 주고 있습니다. 운동선수들이 자신의 기술과 집중력 향상을 위해 자기대화를 사용하는 경우가 흔하지만, 그것은 스포츠 밖에서도 사용됩니다. 앞에 닥친 과제에 집중하기 위해서 혹은 고투하고 있을 때 스스로 동기부여를 위해 자기대화를 사용할 수 있습니다.

만일 당신이 자신의 사업을 위해 열심히 일하고 있고 여러 잠재 고객들에게 전화를 걸어야 한다면, 다음 대화를 스스로 준비하기 위해서 자기대화를 사용할 수 있을 것입니다. 자기대화는 짧은 구절('웃자.')이거나 긴 동기부

---

4   Hamilton, R. A., Scott, D., & MacDougall, M. P. (2007). Assessing the effectiveness of self-talk interventions on endurance performance. *Journal of Applied Sport Psychology*, *19*, 226-239.

여적인 문장('난 침착하고, 전문성도 있고, 확신도 갖고 있어.') 일 수 있습니다.

만일 당신이 건강과 관련된 목표 달성을 위해 노력하고 있다면 간단하게 '계속하자.' '넌 건강해질 수 있어.' 혹은 '넌 생각보다 강해.'라고 자기대화를 하는 것은 자신의 몸을 조금 더 단련하는 데 도움이 될 수 있습니다. 간혹 진부하게 느껴지기도 하지만 자기강화self-reinforcement, 즉 당신 스스로에게 칭찬과 격려, 인정의 말을 하는 것은 잠시나마 동기의 불꽃을 지피게 할 수 있습니다.

📄 요약 및 복습

1. 포기하고 싶은 유혹을 줄이기 위해 부정적 동기의 힘을 활용하십시오. 부정적 동기에서 이득을 얻기 위한 가장 강력한 방법은 지불해야 할 대가를 정하고 공적 책임을 부과하는 것입니다. 포기하게 되면 많은 돈을 잃거나 공개적으로 망신을 당할 거라고 생각하면 당신은 포기

하지 않고 지속하는 힘을 가지는 데 큰 도움이 될 수 있습니다.

2. 당신이 고투하고 있을 때 당신의 비전을 읽음으로써 스스로에게 포기하지 않고 지속하도록 동기를 부여하십시오. 만일 당신이 비전을 갖고 있지 않다면 글로 적어 보세요. 당신의 궁극적 목표에 대한 상세한 기술이 될 수 있도록 비전을 만들어 보세요.

3. 당신 스스로에게 나쁜 이유로 포기하는 것을 막기 위해 초점질문을 하십시오. 만일 당신이 포기하면 행복할까요? 당신의 남은 삶도 과연 행복할까요? 포기하지 않고 당신이 계속했지만 목표를 성취하지 못했을 때 발생할 수 있는 최악의 상황은 무엇인가요? 당신이 포기한 이유를 다른 사람에게 말하면 기분이 어떠할까요? 당신이 있기까지 얼마나 많은 희생이 있었나요? 당신의 가장 가까운 친구가 당신의 입장이라면 그에게 뭐라고 말하겠습니까?

4. 잠시나마 동기의 불꽃을 지피기 위해서 자기대화를 사용하십시오.

제10장
피해야 할 일곱 가지 흔한 실수

;

이 장에서는 당신이 어려운 상황 속에서도 자신의 목표를 고집하고 지속해 나가려 할 때 꼭 피해야 할 가장 흔한 실수 몇 가지를 살펴보고자 합니다.

비현실적인 기대를 가지는 것

비장한 결심이 작심삼일로 끝나기도 합니다. 새해 아침에 목표를 세웠지만 중도에 결심을 포기하는 경우가 많

습니다. 그렇다면 사람들은 왜 연초의 목표를 지키지 못
하고 중도에 포기하고 마는 걸까요? 캐나다 토론토대학
교 심리학자인 피터 허먼Peter Herman 교수팀은 **헛된 희망
증후군**false-hope syndrome[1]이라 하여 실제 능력을 벗어난 지
나치게 야심에 차고 비현실적인 결심이나 계획을 세우기
때문이라고 지적했습니다. 이러한 헛된 희망 증후군 현상
때문에 비현실적인 기대를 설정하고 같은 실수를 반복하
는 사람들이 있습니다.

　헛된 희망 증후군의 희생이 되는 사람들은(당신이 생각
하는 것보다 더 흔한 현상입니다) 그들 자신을 변화시키기 위
한 시도를 자주 합니다. 그들은 처음에 생각했던 것만큼
빨리 혹은 쉽게 목표를 달성하지 못할 것이라는 사실을
깨닫게 되면 포기하고 말죠. 그들은 앞으로 닥칠 변수와
경우의 수를 고려하지 않고 낙관적으로 결과를 예측하는
경향이 있습니다. 약속 장소까지 도착 시간을 계산하면서
교통체증이나 돌발상황을 전혀 고려하지 않는 것과 같습
니다. 비현실적인 목표를 세우고 일직선으로 달려가겠다
는 결심은 실패할 가능성이 큽니다.

1　Polivy, J., & Herman, C. P. (2002). If at first you don't succeed: False
hopes of self-change. *American Psychologist*, *57*(9), 677-689.

이러한 행동을 피하기 위해서 어떤 목표를 설정할 때 사람들이 얻게 되는 평균 결과를 항상 조사해야 합니다.

예를 들어, 만일 당신이 체중 감량을 하고 싶다면 매주 5kg을 감량할 수 있다고 생각하기보다는, 대신에 매주 감량할 수 있는 기대치가 어느 정도인가를 알아보십시오. 당신이 사업을 일구고 싶다면 경험 없는 사람이 성공적으로 사업을 일구는 데 얼마나 시간이 걸리는가를 알아보도록 베테랑 기업가들이 쓴 글을 읽어보십시오. 당신이 새로운 기술을 배우고 싶다면 1개월, 3개월, 6개월 혹은 1년에 어느 정도 습득할 수 있는가를 조사하십시오.

이러한 간단한 조사가 당신으로 하여금 아직 세상 물정을 모르는 비기녀들beginners의 비현실적인 기대와는 다르게 실제 세계에 대한 준비를 갖추도록 해 줄 것입니다.

과정보다는 결과를 중시하는 것

자기조력 및 자기계발에 관한 문헌을 보면 당신의 목표를 향해 나아가도록 스스로에게 동기를 부여하는 가장 좋은 방법은 목표를 달성했을 때를 아주 구체적으로 상상해 볼 것을 권장하고 있습니다. 그렇지만 당신의 성공을 **시각화**하는 그 이상의 많은 방법들이 있습니다.

미국 캘리포니아대학교 로스앤젤레스캠퍼스UCLA의 연구자들이 대학 신입생을 대상으로 수행한 실험연구[2]에서 좋은 공부습관을 시각화한 학생들이 좋은 성적을 얻는 것을 시각화한 학생들보다 덜 불안해하고 더 좋은 결과를 얻은 것으로 밝혀졌습니다.

이와 유사한 또 다른 연구[3]에서는 어떤 목표를 성취하기 위한 계획을 어떻게 실행할 것인가를 생각하며 시간을 보낸 사람들이 어떤 보상이 뒤따를 것인가를 생각하며 시간을 보낸 사람들보다 목표에 대해 더 낙관적으로 느끼며 좀 더 훌륭하게 수행한다는 것을 시사하고 있습니다.

당신이 뒤따를 보상에 대해 상상하기보다는 오히려 자신의 계획에 대해 생각하고 실행하는 데 더 많은 시간을 보낼 때 자신의 목표를 향해 지속적으로 나아가기 쉽습니다.

그렇다고 시각화의 방법이 좋은 점이 없다는 것은 아

2　Pham, L. B., & Taylor, S. E. (1999). From thought to action: Effects of process-versus outcome-based mental simulations on performance. *Personality and Social Psychology Bulletin*, *25*(2), 250-260.
3　Armor, D. A., Taylor, S. E. (2003). The effects of mindset on behavior: Self regulation in deliberative and implemental frames of mind. *Personality and Social Psychology Bulletin*, *29*(1), 86-95.

닙니다. 때로는 미래의 성공을 상상하는 것이 당신의 동기를 강화하고 포기하지 않고 지속해 나가도록 할 수 있습니다. 또한 미래의 성공을 상상하는 것은 당신의 실수에 대한 발견과 수행의 개선에 도움이 될 수 있습니다.

시각-운동 행동시연visual-motor behavior rehearsal[4]이라 불리는 기법은 스포츠심리학에서 가장 기본적인 기법 중 하나입니다. 이 기법은 생리적, 감정적 요인을 포함한 현실적 경험을 이미지로 재현하는 방법이죠. 첫 번째 단계는 당신의 눈을 감고 긴장을 풉니다. 다음에 당신은 시작부터 끝날 때까지 당신의 수행이나 성공 측면을 시각화합니다. 이러한 연습을 정기적으로 하면 동기부여에 도움이 되고 결과를 향상시키기 위한 유용한 피드백을 제공해 줍니다.

노엘리아 바스케즈Noelia A. Vasquez와 로저 뷸러Roger Buehler에 의해 수행된 연구[5]에서는 제삼자의 관점에서

---

4   Hall, E. G., & Erffmeyer, E. S. (1983). The effect of visual-motor behavior rehearsal with videotaped modeling on free throw accuracy of intercollegiate female basketball players. *Journal of Sport Psychology*, 5(3), 342-346.
5   Vasquez, N. A., & Buehler, R. (2007). Seeing future success: Does imagery perspective influence achievement motivation? *Personality and Social Psychology Bulletin*, 33(10), 1392-1405.

당신의 성공을 시각화하는 것이 당사자의 관점에서 시각화하는 것보다 더 좋다는 것을 시사하고 있습니다. 연구자들에 따르면 당신이 자신을 **제삼자의 관점**에서 상상할 때 당신의 목표가 갖는 의미와 중요성을 더욱 부각시켜 주는 데 도움이 된다고 합니다. 이는 보다 강력한 동기부여적 효과를 가져옵니다.

어떤 것이 당신에게 보다 좋게 작용하는지 두 가지 관점을 모두 시도해 보십시오.

한계신념을 가진 사람들에게 귀 기울이는 것

한계신념은 당신 안에서 나오는 것뿐만 아니라 다른 사람들에게도 나옵니다. 비록 당신이 지속력이 있는 사람이라 할지라도 부정적인 사회적 영향은 종종 당신의 목표를 깨트릴 수 있습니다.

누군가가 당신에게 어떤 목표를 성취하지 못할 것이라고 말할 때마다 그가 자신의 한계신념 때문에 그리 말하는지 아니면 타당한 관점에서 그리 말하는지 당신 스스로에게 질문을 던져 보세요. 당신이 사람들에게 그들의 주장을 뒷받침하는 증거를 요청하면 그 주장이 의견인지 아니면 사실인지 구별하기가 매우 쉽습니다. 만일 그들이 증거를 제시할 수 없다면 그들의 목소리는 단지 의견일 뿐이므로 무시해 버리면 됩니다.

미국 역사상 가장 영향력 있는 동기부여 강사이자 작가이며 기업가인 짐 론Jim Rohn, 금융 컨설턴트이자 자기계발 전문가이며 기업가인 토니 로빈스Tony Robbins, 영국의 기업가로 버진그룹의 회장인 리처드 브랜슨Richard Branson과 같은 성공한 사람들이 강력한 사회적 연결망의 중요성을 칭송하고 있습니다. 당신이 당신의 목표를 지원해 주고 그들 자신의 목표를 향해 열심히 일하는 사람들에게 둘러싸여 있으면 당신은 훨씬 더 자신의 삶을 변화시키기 쉽죠. 비관적이고 게으른 사람들과 어울리면 완전히 그와 반대되는 결과를 가져올 것입니다.

성급하게 결정하는 것

중요한 결정을 적어도 여러 날 생각할 시간을 갖지 않고 해 버리는 것은 나쁜 결정으로 가는 확실한 방법입니다.

사람들은 종종 상황이 어려울 때 포기하는 경우가 있는데, 이는 단기적인 고통이 본능적으로 포기할 정도로 영향을 미치기 때문입니다("너무 고통스러워 그만두어야 해.").

당신이 중요한 결정을 하기 전에 잠시 멈추어 깊이 생각해 보십시오. 일련의 **의사결정 규칙**을 따르세요. 예를 들면, 다음과 같습니다.

- 나는 피곤할 때 중요한 결정을 하지 않는다.
- 나는 부정적 정서(슬픔, 분노, 좌절)에 영향을 받을 때 중요한 결정을 하지 않는다.
- 나는 일시적인 기분으로 중요한 결정을 하지 않는다. 내 마음을 바꾸기 위해 언제나 나 자신에게 24시간을 허락한다.

대부분의 성공적인 투자자들은 투자할 때 자신의 정서와는 분리하여 다룹니다. 이러한 간단한 규칙 덕분에 그들은 자신의 돈을 잃는 성급한 결정을 하지 않습니다.

더딘 진전을 무시해 버리는 것

더딘 진전도 여전히 진전인 것입니다. 그렇지만 더딘 진전을 포기해야 할 여지가 있는 이유라고 생각하는 사람들이 있습니다. 당신이 주어진 기간 내에 무언가를 꼭 성취해야 하는 것이 아니고 또한 그것이 불가능하지 않는 한 당신의 진전이 더디다는 이유만으로 포기해 버리는 실수를 범하지 마십시오.

최고의 성능을 발휘할 수 있도록 당신이 행하고 있는 것을 조정하고, 포기하는 것 대신에 당신의 진전 속도를 높이기 위한 방법을 찾아보세요. 비록 당신이 좀 더 빨리 가기 위한 방법을 찾을 수 없다고 해도 당신의 목표를 꾸준히 밀고나가는 것이 포기하는 것보다는 여전히 더 나은 선택입니다. 전자의 경우에 당신은 결과적으로 자신의 목표를 성취하게 될 것이고, 후자의 경우에는 모든 것이 그대로 유지될 것임에 틀림없습니다.

전혀 진전을 보지 못하기 때문에 포기하는 사람들도 있습니다. 이들은 작은 진전을 간과하기 쉬운데, 큰 목표를 향해 일해 나갈 때 특히 그렇습니다.

그러한 실수를 피하기 위해서는 당신의 진전을 가능한

한 많이 조사하십시오. 당신의 능력과 수행을 기록하세요. 예를 들어, 만일 당신이 새로운 언어를 배우고 있다면 당신의 기능을 평가하기 위해 주기적으로 온라인 검사 online test를 받을 수 있습니다.

과거의 지배를 받는 것

과거의 실패가 당신이 지금 행하고 있는 것에 영향을 미치지는 않을 것입니다. 그러나 아직도 많은 사람이 과거의 성공하지 못한 일에 골똘히 생각하기 쉽습니다. 그러한 부정적 사고는 당신이 고투하고 있을 때 당신의 사고에 영향을 미칠 수 있고, 또한 당신에게 과거 실수를 반복할 수밖에 없다는 것을 믿게 만들 수 있습니다.

이러한 문제에 어떻게 대처하고 악순환에서 벗어나야 할까요? 그것은 당신의 초점을 과거로부터 지금 이 순간으로 옮기고 각각의 목표를 새로운 출발로 여기는 것입니다. 과거가 당신의 사고에 영향을 미치도록 하기 때문에 과거의 지배를 받는 것입니다. 이러한 사고를 떨쳐버릴 때 그리고 이러한 사고를 떨쳐버리기 위한 자기점검이 이루어질 때, 당신은 악순환 속으로 다시 들어가는 위험성을 줄일 것입니다.

다른 사람들이 당신 주위에서 투덜대고 불평하게 내버려 두는 것

결과의 부족에 대한 불평은 동기를 상실하고 포기하게 만드는 틀림없는 방법입니다. 만일 당신이 마음속의 부정적 사고의 수를 줄이기를 원한다면, 목사이자 베스트셀러 작가인 윌 보웬Will Bowen이 고안한 실험-21일간 연속하여 불평 없이 살아보기[6]-을 시도해 보십시오. 당신이 계속 불평하며 사는 한 자기 자신과 자신의 성공에 부정적 영향이 끊이지 않을 것입니다.

이 실험은 사람들에게 보라색 고무 밴드의 팔찌를 나눠주고, 불평할 때마다 손을 바꿔 차도록 하는 것입니다. 사람들이 고무 밴드의 팔찌를 바꿔 차면서 자기가 불평하고 있다는 것을 의식하게 되고, 그러다 보면 점차 불평을

---

6 이 실험에 관한 보다 자세한 것은 윌 보웬의 저서 《불평 없는 세상(A Complaint Free World)》을 읽어 보라.

줄이게 된다는 것입니다. 연구에 의하면 하나의 행동이 습관이 되기 위해서는 21일간 연속으로 행해야 한다고 합니다. '21일간의 도전'에 참여한 경험자들은 21일간 불평 없이 살기 위해서는 보통 4~8개월이 걸린다고 하였습니다. 그러므로 도전하자마자 당장 불평 없이 살기 어렵다고 포기하기보다는 당신과 다른 사람들의 행복을 위해서 한번 고무밴드의 팔찌를 끼고 불평을 참는 훈련을 시도해 보십시오.

트레버 블레이크Trevor Blake는 그의 저서《사업과 인생에서 성공으로 가는 간단한 3단계Three Simple Steps: A Map to Success in Business and Life》[7]에서 세계적 석학인 스탠퍼드대학교 의과대학의 로버트 새폴스키Robert Sapolsky 교수가 수행한 해마hippocampus에 관한 연구를 인용하였습니다. 해마는 중요하고 지적인 생각을 다루는 두뇌 영역으로 부정적 자극에 매우 민감합니다.

새폴스키는 투덜대거나 잡담하고 있는 사람의 이야기를 듣는 것과 같은 스트레스를 유발하는 인자에의 노출은 코르티솔 수준을 높인다는 것을 발견하였습니다. 다량의

---

7   Blake, T. (2012). *Three simple steps: A map to success in business and life*. Dallas, TX: BenBella Books.

코르티솔은 학습 및 기억을 억제하고 체중을 증가시키며 뼈의 무게를 줄이고 콜레스테롤 수치에 영향을 미칩니다. 스트레스는 두뇌 전체에 퍼져 있는 시냅스의 연결을 방해하고 뇌세포를 빨리 망가뜨려 해마를 위축시킵니다. 그 결과 블레이크가 기술한 바와 같이 해마는 "정보를 보유하고 새로운 상황에 적응하는 능력을 포함하여 인지적 기능이 떨어집니다."

다시 말하면, 다른 사람들이 당신 주위에서 불평하게 내버려 두면 당신은 불필요한 스트레스를 느낄 뿐만 아니라 시간이 지나면 멍청해집니다. 이미 앞에서 논의한 바와 같이 새로운 상황에 적응하는 능력은 회복탄력성을 위한 가장 중요한 기능인 것입니다.

새폴스키는 이러한 문제에 대처하기 위한 다음의 네 가지 방법을 제안하고 있습니다.[8]

- 당신의 사고를 점검하세요. 당신이 불평할 때마다 그 것을 긍정적 사고로 전환하십시오.
- 부정적인 사람들을 피하세요. 당신이 부정적인 대화

8   http://fortune.com/2012/08/09/colleagues-complaining-why-you-need-to-tune-it-out/, Web. February 27th, 2016.

의 상황 속에 있다는 것을 발견할 때마다 그 상황에서 빠져 나가십시오.

- 만일 불평하는 사람들을 피할 수 없다면 그들을 무시하세요. 그들이 당신 주위에서 불평을 하는 동안에 당신의 마음을 긍정적 사고로 가득 채우십시오.

- 사람들에게 해결책을 내놓으라고 말하세요. 누군가가 당신에게 불평을 할 때 그러면 어떻게 했으면 좋겠는지 물어보십시오. 이것은 불평자에게 당신 주위에서 징징 거리며 투덜대는 것을 종종 멈추도록 할 것입니다.

📄 요약 및 결론

1. 당신이 목표를 설정하기 전에 그 목표가 현실적으로 달성 가능한 것인지 잠시 조사를 해 보세요. 비현실적인 기대는 사람들이 포기하는 가장 흔한 이유 중 하나입니다.

2. 결과보다는 과정에 초점을 두세요. 결과적으로 예상되는 보상을 시각화함으로써 동기의 불꽃을 지필 수도 있지만, 또한 재촉하지 말고 느긋하게 과정을 시각화해 보세요. 과정에 초점을 두는 것은 도전과 역경에 보다 잘 대처하도록 준비시켜 주며 목표가 좀 더 성취될 수 있도록 해 줍니다.

3. 한계신념을 가진 사람을 피하세요. 당신 자신의 한계신념과 마찬가지로 당신의 친구가 한계신념을 갖고 있으면 당신의 동기를 매우 감소시킬 수 있습니다.

4. 사람들은 자신의 목표를 향해 일할 때 수반되는 단기적인 고통을 참을 수 없을 때 일시적 기분으로 포기해 버리는 경우가 흔합니다. 당신이 어떤 중요한 결정을 할 때는 그 전에 심사숙고할 시간을 갖고, 지금의 고통은 곧 사라질 것이라는 점을 스스로에게 상기시키십시오.

5. 더딘 진전은 포기해야 할 좋은 이유가 못됩니다. 어떤 일을 할 때 비록 그것이 더디게 진행되더라도 포기하지 말고 더 좋은 방법을 찾는 데 초점을 두십시오.

6. 지금의 이 순간에 영향을 미치는 어떤 과거의 사고를

떨쳐버리세요. 사람들은 단순히 자신의 과거 실패가 현재와 미래를 규정한다고 보기 때문에 너무나 자주 포기해 버립니다.

7. 당신의 부정적 사고를 점검하여 그것을 제거하세요. 21일간 연속적으로 불평 없이 생활해 보십시오. 당신이 부정적 태도를 가진 사람들로 둘러쌓여 있으면 당신도 중독되고 바보처럼 된다는 것을 기억하십시오. 습관적으로 징징거리며 투덜대는 사람을 다루기 위한 세 가지 방법으로는 그들을 피하기, 그들을 무시하기, 당신의 마음을 긍정적 사고로 가득 채우고 그들에게 불평만 하지 말고 원하는 바가 무엇인지 물어보기가 있습니다.

제11장
전문가들이 권하는
포기하지 않고 지속하는 여섯 가지 비결

;

이 장에서는 지속력에 관한 다른 관점을 공유하기 위해 작가와 블로거인 6명의 전문가를 초대하여 그들의 생각을 알아보고자 합니다. 지속력에 관한 그들의 생각은 다음과 같습니다.

스티븐 기즈 Stephen Guise,
베스트셀러 《작은 습관의 힘: 습관은 보다 작게, 결과는 보다 크게 Mini Habits: Smaller Habits, Bigger Results》1)의 저자**
나의 저서는 세계적인 베스트셀러가 되어 가고 있으며,

현재 12개국의 언어로 번역 중에 있습니다. 사람들은 내가 하룻밤 사이에 성공한 사람이라고 생각할지 모릅니다. 그러나 정말로 나는 여섯 차례나 나의 블로그-내가 이 책을 알리기 위해 필요했던 블로그-를 거의 중단하였습니다. 내가 있는 곳으로 데려온 것은 지속력이었고, 내가 포기하지 않고 계속 할 수 있도록 도와준 두 가지 중요한 일이 있었습니다.

첫째, 나는 돈을 벌고 싶었기 때문에 블로그를 시작한 것이 아니었습니다. 나는 글을 통해 인생을 분석하는 것을 즐겼고 내 생각을 가족과 친구를 비롯한 많은 사람과 공유하고 싶어서 블로그를 시작하였습니다. 내가 처음 몇 년간 많은 주의를 끌지 못했을 때, 나는 돈이나 명성을 얻기 위해 글을 쓴 것이 아니라는 사실을 기억하였습니다. 이것이 나의 일을 결과와 분리할 수 있게 해 주었고, 그래서 나는 일을 계속할 수 있었습니다.

둘째, 나는 내가 하고 있는 일에 믿음을 갖고 있었습니다. 만일 당신이 행하고 있는 일에 믿음을 갖고 있지 않다면 일을 지속해 나가는 것은 거의 불가능할 것입니다. 일

---

1 국내에서는 《습관의 재발견》(구세희 역, 2014, 비즈니스북스)이란 제목으로 번역·출간되었다.

반적인 분야에서든 특수한 분야에서든 **자기믿음**self-belief 은 연습을 동반합니다. 나는 처음으로 글 쓰는 것을 중단 해야겠다고 생각하기 전에 1년간 글을 계속 써 왔으며, 이 것이 나를 보다 훌륭한 작가로 발전시켜 주었습니다. 또 발전되고 있음을 보는 것이 나로 하여금 계속 글을 쓰도 록 도와주었습니다.

요컨대, 당신이 추구하는 것을 돈이나 명성과 같은 피 상적인 것에 이끌리지 말고 진정한 흥미와 결합시키세요. 이러한 흥미는 당신이 원하는 발전과 향상의 지점에까지 데려다 줄 수 있습니다. 그러면 당신은 향상을 보게 될 것 이고 자기믿음을 발전시키게 될 것입니다. 만일 당신이 지금 당장 행할 수 없다면, 나의 저서《작은 습관의 힘: 습 관은 보다 작게, 결과는 보다 크게》를 구입하여 읽어 보십 시오.

조엘 러니언 Joel Runyon,
ImpossibleHQ.com의 블로거

당신은 한 가지 일을 필요로 합니다. 그 일은 당신이 꼭 붙들어야 할 일이고, 당신이 행하고 있는 것을 해야 할 한 가지 놀랄 만한 견고한 이유를 가진 일입니다. 당신은 "내

조엘 러니언

가 이 일을 행하는 이유가 무엇인가?"라는 질문에 대한 빈틈없는 대답을 갖고 있어야 합니다. 왜냐하면 당신의 심장이 놀라고, 당신의 몸이 피곤하고, 당신의 두뇌가 망가지고, 당신의 기력이 떨어질 때, 당신은 그 한 가지 일에 돌아갈 수 있어야 하며 그것이 다음 단계를 밟을 수 있도록 해주기 때문입니다. 나의 블로그 http://www.impossiblehq.com를 참조하십시오.

세레나 스타-레오나드Serena Star-Leonard,
베스트셀러 《12개월 후 은퇴하는 법: 열정을 수익으로 전환하기How to Retire in 12 Months: Turning Passion into Profit》의 저자

당신이 어떤 일을 포기하는 이유는 여러 가지가 있습니다. 만일 그 일에 진정으로 흥미를 잃었거나 해야 할 최우선순위에 두지 않았다면 포기는 불가피할 수밖에 없을 것입니다. 그러나 만일 일이 정말 힘들거나 거의 이겨낼 수 없는 도전에 직면해 있기 때문에 포기하고 싶다면, 다음에 제시하는 나의 비결을 참고하여 실행해 보기 바랍니다.

1. 잠시 멈추어 호흡하세요. 당신이 프로젝트에 실제로 참여할 때 현실에 대한 왜곡된 시각을 가질 수 있습니다. 특히 일이 잘못되어 가거나 자신의 통제 밖에 있다고 생각할 때 그러합니다. 나는 그럴 때에는 일정 기간 동안 자신을 완전하게 제거하는 것이 도움이 된다고 봅니다.

만일 당신이 일에 매우 관여되어 있다면 며칠간은 그 일에서 벗어나 완전히 다른 일을 하세요. 평소 당신을 충만케 하고 평화와 기쁨 혹은 고요함을 주는 일을 행하세요. 가끔씩 아주 중요해 보이는 일에서 잠시 떠나보는 것만으로도 당신에게 새로운 관점을 제공해 줄 수 있습니다. 잠시 일에서 멈추고, 호흡하고, 잠자고, 친구들과 어울리세요. 그러면 종종 자신에게 꼭 맞는 해결책을 발견하게 될 것이고, 또한 그 일이 그토록 어려운 문제가 아니었다는 것도 깨닫게 될 것입니다.

2. 당신이 일을 다르게 할 수 있는 방법을 틀에 얽매이지 말고 자유롭고 다각도로 생각해 보세요. 만일 당신이 자신의 목표를 정말 포기하려고 생각하고 있다면, 당신에게 성공의 기회를 증진시켜 줄 달리 행할 수 있는 방법을 10개 내지 20개 적어 보십시오.

훌륭한 창의력을 발휘하고 그럴듯하며 믿기 어려운 방

법으로 생각해 내도록 하세요. 그러면 당신은 매일 자신의 목표에 접근하는 방법을 변화시킬 수 있습니다. 우리는 종종 어떤 절차나 전략이 그저 효능이 없다는 이유로 벽에다 머리를 박는 경우가 있습니다. 전략이나 절차를 바꾸고 당신이 생각해 낼 수 있는 것을 볼 수 있는 창조성을 발휘하십시오.

3. 모든 것이 하룻밤 사이에 변화될 수 있다는 것을 명심하세요. 비록 당신이 하는 일에 6개월 혹은 2년 동안 전혀 즐거움을 갖지 못했다 할지라도 당신은 모든 것이 하룻밤 사이에 변화될 수 있다는 것을 명심하십시오.

내일 당신이 하는 일에서 약간의 큰 발전을 이루었다고 상상해 보세요. 어떤 행동이 당신으로 하여금 실제로 큰 발전을 가져올 수 있을까요? 당신은 누구에게 전화를 할까요? 당신에게 제시한 것이 무엇일까요? 당신이 창조한 것은 무엇일까요? 당신이 취한 행동은요? 당신이 접근을 피할 사람은 누구인가요? 이러한 질문에 대한 대답이 당신의 결과를 빨리 바꿀 수 있는 일련의 가능한 행동을 만들어 줄 것입니다. 나의 사이트 http://in12months.com/을 검색해 보기 바랍니다.

데릭 도프커 Derek Doepker,

베스트셀러 《당신은 왜 갇혀 있는가Why You're Stuck》의 저자

어떤 해결책이든 공통적으로 가능케 하는 세 가지 마법의 단어가 있다.

당신이 세상을 지배할 수 있는 것처럼 느끼며 일을 시작한 적이 있습니까? 그리고 인생이 당신을 멀리 쫓아 버릴 수도 있다고 느낀 적이 있습니까?

어떤 도전에도 불구하고 내가 가는 길에서 이탈하지 않고 계속 머물기 위한 나만의 비밀무기 한 가지 기법이 있습니다. 나는 그것을 나의 '**세 가지 마법의 단어**three magic words' 기법이라고 부르죠.

나는 나 자신에게 단순히 "캔 아이 저스트Can I just…?"라고 묻습니다. 그런 다음 하고 싶은 느낌이 들지 않는다고 해도 그것을 행할 수 있는 쉬운 행동을 바로 투입합니다.

내가 1시간 정도 운동을 하고 싶지 않다고 가정해 봅시다. 나는 "난 워밍업만 할 수 있는가?"라고 질문할 수 있습니다. 만일 그 질문이 너무 나를 압박한다고 여겨지면 "난 30초만 운동할 수 있는가?"라고 질문할 것입니다. 그런 후에 "난 조금만 더 운동을 할 수 있는가? 한 번만 더 반복할 수 있는가? 한 번만 더 연습해 볼 수 있는가?"라고 질문할

것입니다. 나는 언제나 내가 할 수 있는 모든 것을 행했다고 느끼는 지점에 도달하여 성취감을 느끼게 되면 중단할 수 있습니다.

당신은 무언가를 하기 시작한 후에 당신이 계속 하고 싶다는 느낌을 갖게 된 것을 알아차린 적이 있습니까? 무언가를 하고자 동기를 얻기 위해 노력하는 대신에 뭔가를 추진해 보세요. 그러면 동기는 저절로 따라올 것입니다. 성공은 또 다른 성공을 낳습니다. 당신이 사소한 일이라도 행하여 승리할 때마다 당신의 성취감과 더 많은 일을 하고자 하는 열망이 커질 것입니다.

이것은 당신이 그만두어야겠다고 느낄 때는 언제든지 올바른 방향으로 가장 작은 걸음을 내딛으라는 것을 의미합니다. 이상적으로는 1분 미만 걸리는 것을 행하는 것이 좋습니다. 만일 그것이 당신이 그날에 행할 수 있는 모든 것이라면 더욱 좋습니다. "나는 그만두고 싶다고 느낄 때 무언가를 했으며, 그것이 나를 멋지게 만들었다!"라고 말함으로써 당신 스스로에게 보상을 하십시오.

이러한 **자기보상** 과정을 통해 매번 당신이 따라하는 습관은 지팡이를 만드는 데 중요합니다. 만일 당신의 보상이 길 아래로 멀리 떨어져 있다면, 당신은 단기간에 자신의 해결책을 고수하기에 충분하지 않다고 느낄 것입니다. 이것은 전반적으로 "맞아⋯. 난 더 많은 것을 했어야 해. 난 한심한 사람이야!"라는 것을 의미하죠. 내면의 대화를 바꾸는 것은 이러한 전체 과정에서 종종 간과되는 부분입니다.

당신이 올바른 방향으로 작은 단계를 내딛을 때마다 스스로에게 보상을 하십시오. 이러한 성취감은 당신을 훨씬 더 많은 것을 행하도록 이끌 것입니다. 이 방법은 항상 당신이 쉽게 쏠 수 있는 표적을 자신에게 주고 있다고 확신하는 만큼 효능을 발휘합니다. 비록 기세를 확장하는 데 수개월이 걸린다 할지라도 당신이 취할 수 있는 가장 작은 단계를 찾기 위해서 세 가지 마법의 단어 "캔 아이 저스트Can I just⋯?"를 활용하는 것은 전혀 아무것도 하지 않는 것보다는 당신을 더 멀리 데려다 줄 것임에 틀림없습니다.

나는 《건전한 습관의 혁명The Healthy Habit Revolution》이라는 저서에서 사람들에게 하루에 5분만으로 좀 더 좋은 습관을 키울 수 있는 방법을 보여 주고 있습니다. 또한 자기계발 분야의 최고 베스트셀러인 《당신은 왜 갇혀 있는가Why You're Stuck》의 저자이며, 블로그 Excuse Proof

Fitness의 창시자이기도 합니다. http://facebook.com/derekdoepker에서 나와 접촉할 수 있습니다.

미칼 스타위키Michal Stawicki,
베스트셀러 《낙수효과의 믿음: 당신의 개인적 성공에서 부족한 요소Trickle-Down Mindset: The Missing Element in Your Personal Success》의 저자

양동이에서 넘쳐흐르는 물이 바닥을 고루 적시는 것처럼, 정부의 투자 증대로 대기업과 부유층에게 혜택을 주면 궁극적으로는 중소기업과 저소득층에도 그 혜택이 고루 돌아가 경기가 활성화되는 것을 **낙수효과**trickle-down effect라고 합니다. 이와 반대되는 개념이 분수효과trickle-up effect인데요, 이는 경제성장의 원동력을 아래에서 위로 솟아오르게 하는 것을 말합니다.

1온스의 예방은 1파운드의 치료 가치가 있습니다.

당신은 그만두고 싶을 때 어떻게 하나요? 아마도 당신이 그만두고 싶다면 몇 개월이 지났기 때문에 무언가를 새로 하기에는 너무 늦었다고 생각할 것입니다. 이는 당신이 행하고 있는 것에 대한 믿음이 없다는 것을 의미하며, 당신을 흥분시키지 못합니다. 당신은 시간과 노력을

기울일 만한 가치가 있다고 느끼지 못합니다. 오래전에 뭔가 잘못되었다고 생각합니다.

이러한 감정에 대한 이유는 별로 현명하지 못합니다. 나는 그것이 현명하지 못하다는 것을 입증할 수 있는 두 가지 경우를 제시할 수 있습니다. 하나는 그것이 당신이 원하는 결과를 제공하지 못한다는 것이고, 다른 하나는 당신의 에너지가 고갈되어 자신의 임무를 마칠 힘이 없다는 것입니다. 두 가지 경우 모두 현명한 해결책을 요구합니다. 첫째, 당신이 원하는 결과를 얻기 시작할 수 있도록 자신의 행동을 조정해야 합니다. 둘째, 당신이 날마다 보다 높은 에너지 수준을 가질 수 있도록 자신의 **삶의 방식**lifestyle을 바꾸어야 합니다.

좋은 결과를 얻기 위해서 당신은 자신이 갖고 있는 현재의 동기수준 외에 더 많은 것을 고려해야 합니다. 당신은 계획, 평가척도, 추적 시스템이 필요합니다. 또한 외부(멘토, 코치, 동호회, 전문가 그룹 등)로부터 확인을 받는 것도 괜찮은 생각입니다. 당신은 자신의 계획을 입안하고, 착수에서부터 결과에 이르기까지 그 진행 과정을 추적해야 합니다.

당신의 에너지 수준을 증가시키기 위해서 당신은 스스

로를 체크할 필요가 있습니다. 먹는 음식이 무엇인가요? 운동을 얼마나 자주 하나요? 수면을 충분히 취하고 있나요? 그런 다음 당신은 자신의 수행을 개선하기 위해서 일상적 절차를 수정할 필요가 있습니다. 앞에 닥친 일 때문이 아니라 자신의 삶의 방식 때문에 에너지가 고갈됩니다. 만일 당신이 힘이 부족하다면, 내가 추측하건대 그것은 당신의 수면 부족 때문일 것입니다.

수면 부족에 대한 최상의 묘책은 잠시 낮잠을 자는 것이죠. 기력을 회복하기 위한 낮잠은 당신을 보다 빨리 그리고 부작용 없이 '거의 정상' 수준으로 되돌려 줄 수 있습니다.

"난 그만두고 싶어."라는 문장의 이면에 놓여 있는 것을 분석해 봅시다. 무엇보다도 그것은 단기간의 감정에 불과하며 이성에 반대되는 감정입니다. 이러한 감정의 첫 징후는 당신의 **자기대화**이죠. 내가 행동에서 벗어나려고 할 때 다음과 같은 내가 말하는 몇 가지 것들이 있습니다. "그게 뭐야? 어느 누구도 당신이 한 일을 정말 인정하지 않을 거야." "난 너무 오랫동안 꾸준히 일했어. 조금은 휴식을 취할 자격이 있어." "편하게 생각하자. 그게 그리 중요한 것이 아니잖아?" "이건 어려워. 난 약간의 휴식이 필요해. 다음 2시간 동안은 영화를 보면서 세상일을 잊어

버리자." 등등.

이러한 모든 진술은 그 이면에 숨어 있는 감정의 표현입니다. 즉, 수용과 인정에 대한 갈구, 휴식과 편안함에 대한 바람 혹은 지루함의 표현인 것이죠. 최고의 조속한 해결책은 당신의 자기대화를 수정하는 것입니다.

당신의 정서를 패배시키는 것은 어렵지 않습니다. 정서는 우둔하고 당신은 똑똑합니다. 그러나 당신의 낙담시키는 자기대화를 알아차리고 그것과 싸우는 일은 쉽지 않습니다. 당신에게 약간의 연습이 필요하며, 연습만이 예방을 위한 해결책입니다. 나는 당신의 자기대화에 대한 인식 증진을 위해서 여행과 명상을 추천합니다.

대체로 당신의 정서 이면에 작용하고 있는 합리화는 우둔할 뿐만 아니라 또한 거짓입니다. 나의 경우에 "어느 누구도 정말 당신의 일을 인정하지 않는다."는 것은 나의 아내가 나를 최근에 칭찬하지 않았다는 것을 의미할 따름이죠. 내가 가장 굶주리고 있는 것은 아내의 인정입니다.

당신이 자신에 대해 투덜대는 것에 대한 가장 쉬운 논박은 "그게 사실인가?"입니다. 아무도 당신을 인정하지 않나요? 물론 누군가 그럴 수 있습니다. 나는 내가 하는 일이 가치 있는 것이라고 말하는 독자들에게 받은 감사의 글을 갖고 있습니다. 마땅히 휴식을 취할 만한가요? 물론 아닙니다. 휴식은 얻기 위해서 필요로 하는 것이 아닙니다. 휴식은 삶의 필요한 한 부분입니다. 나는 지금 바로 휴식이 필요할까요? 이는 타당한 질문입니다. 내가 행하고 있는 것이 중요하지 않나요? 만일 그렇다면 나는 분명히 다른 무언가를 대신에 행해야만 합니다.

"그게 사실인가요?"라고 당신 스스로에게 물어보는 것은 당신의 잠재의식으로부터 희미한 대답을 가져다줍니다. 이러한 대답은 추가적인 질문으로 쉽게 분해될 수 있죠. 예를 들면 다음과 같습니다.

"이것은 어려워. 난 약간의 휴식이 필요해."

"그게 사실인가?"

"그래, 난 피곤해."

"뭐가 그리 피곤하게 했지?"

"오… 글쎄… 음… 난 7시간밖에 잠자지 않았어… 그리고 난 벌써 2시간이나 일을 하고 있잖아!"

이쯤 되면 당신은 자신이 그저 변명하고 있다는 것을 알게 될 것입니다.

나의 경험에 비추어 보면 이런 감정은 기초foundations, 특히 당신의 **개인적 철학**을 소홀히 한 결과입니다. 개인적 철학은 당신이 자신의 삶의 행위에 대해 채택하는 태도이죠. 즉, 그것은 당신이 갖고 있는 신념의 집합입니다. 그것은 당신의 마음을 공격하는 모든 아이디어에 대한 여과장치로서 작용을 합니다.

나는 예방을 권장합니다. 지금 동기가 부족하다고 걱정하지 마십시오. 동기의 끊임없는 흐름에 따라 움직이세요. 그러면 걱정이란 감정은 절대로 나타나지 않거나 꽃봉오리에 잠길 것입니다. 오래전에 나의 잠재의식은 내가 행동하지 못하도록 어떤 직접적인 시도를 포기했습니다. 나의 개인적 철학의 일부로서 나는 "만일 내가 그만둔다면 난 결코 결과를 알지 못할 거야."라는 신념을 채택하였습니다. 그만두는 것은 나의 세계관에서 단순히 옵션이 아닙니다.

당신 자신의 신념을 바꾼다는 것은 쉬운 일이 아닙니다. 비교적 빨리 신념을 바꾸고 단기간에 지속적인 결과를 성취하기 위해서는 **신경언어프로그래밍**Neuro-Linguistic Programming: NLP을 습득할 필요가 있습니다. 신경언어프로그래밍은 여러 분야 최고의 사람들이 어떻게 하면 남다른 우수한 능력을 발휘하게 되는지를 연구하는 것에서 유래된 것이죠. 우리 중 대부분은 그렇지 않으므로 나는 좀 더 균형 있는 접근을 권장합니다. 즉, 당신의 자료 출처를 바꾸고, 접촉하고 있는 사람들을 바꾸며, 자기대화 바꾸기를 추천합니다.

당신이 이 세 가지 요소만 바꾼다면 당신의 삶을 영원히 바꾸게 될 것입니다. 여기엔 마술도 없고 우연도 포함되어 있지 않습니다. 당신이 새로운 정보와 새로운 사람에 대해 열린 자세를 취하고 내면의 대화를 개선하면 믿음 삼투 belief osmosis의 자연적 과정이 작동하게 될 것입니다.

나는 당신에게 단지 하나의 새로운 매체(블로그, 팟캐스트 등)를 소비하고, 오직 하나의 새로운 집단 사람들과 합류하며, 하루에 5분 동안 명상하거나 일지를 쓰라고 요구합니다. 100일 동안 실행해 보고 동일한 사람으로 남아 있도록 노력하십시오. 그러면 당신은 그만두고 싶은 유혹과 싸우기 위해 많은 에너지를 지출하지 않으면서 그만두는 것을 막을 수 있게 될 것입니다.

나는 자기계발 분야의 베스트셀러 작가로 당신은 나의 저서를 www.amazon.com/author/michalstawicki에서 검색해 볼 수 있습니다. 또한 블로그 http://www.expand beyondyourself.com/를 운영하고 있으니 나의 블로그를 방문해 보길 바랍니다.

홍 팜 Hung Pham,

《돌파작전: 당신의 정신적 장벽을 파괴하고 성공을 달성하기 위한 강력한 12단계법Break Through: 12 Powerful Steps to Destroy Your Mental Barriers ans Achieve Success》

나는 20대 시절 거의 내내 우울증과 중독으로 고난을 겪었고 부채 때문에 힘들었습니다. 많은 날을 포기한 상태로 지냈을 뿐만 아니라 자동차 사고로 내 목숨을 가져갔으면 좋겠다고 생각하기도 했습니다. 당시에 나는 삶을 낭비하며 살았던 것 같습니다. 지금 돌이켜 보건대, 내가 그런 식으로 생각했다는 것은 매우 슬픈 일이지만 그 시절 나는 어찌할 수 없었습니다.

그래도 지금 나는 훨씬 더 좋은 처지에 있고, 부채에서 벗어났고, 중독에서 회복되었으며, 무엇보다 기업가로서 번성하고 있다고 말할 수 있어서 행복합니다. 내가 포기하고 싶은 사람들에게 가장 조언을 해 주고 싶은 말은 다음과 같습니다.

1. 당신이 우울증이나 중독으로 어려움을 겪고 있다면 당장 도움을 청하세요. 나는 20대 시절 내내 도움을 구하는 것이 창피했고 그것이 내 스스로 해칠 수 있다고 생각했

습니다. 그러나 실제로 당신은 도움을 구하는 일에서 시작해야 합니다.

2. 자신의 목표가 이루기 어려워 보여서 포기하고 싶다면 작은 승리를 찾으세요. 내가 6만 달러의 부채에서 벗어나기 위해 노력할 때 작은 일에서 시작했습니다. 합리적인 기간 내에 부채를 갚을 수 있는 시스템을 찾기 위해 거꾸로 노력했습니다. 작은 승리를 찾는 것이 중요합니다. 왜냐하면 작은 승리는 보다 큰 승리에 보탬이 되기 때문이죠.

3. 자신의 삶에서 너무 많은 일이 일어나기 때문에 자주 이런저런 일을 펼치고 있는 스스로를 발견한다면 무엇이 가장 중요한 것인지 다시 우선순위를 매기세요. 쓸데없는 것을 잘라내십시오. 나의 경우 그렇게 했더니 더 나아지고 정신적으로도 더 건강해졌습니다. 일단 내가 그렇게 했더니 나의 경력과 사업 등 삶의 다른 모든 측면들이 번창하기 시작했습니다.

4. 끝으로 조언하건대, 당신이 전혀 자신감이 없다면 힘들지 않는 사람은 아무도 없다는 것을 명심하세요. 인생이란 힘들기 마련이고, 실제로 영향력을 행사하고 싶은 우리들의 삶에는 항상 고난이 따르기 마련입니다. 그러나 중요

한 것은 삶의 여정journey에 있는 것이지 삶의 목적지 destination에 있는 것이 아닙니다. 나는 기업가가 되고 싶지는 않았지만, 사업이 점차 잘 되는 과정에서 내 경험을 통해 다른 사람들을 얼마나 많이 도울 수 있는지를 인식하였습니다. 그것이 매일 나에게서 떠나지 않는 유일한 생각입니다.

당신이 삶에서 원하는 것은 모두가 자신의 **안전지대** comfort zone 밖에 있습니다. 안전지대에 머물면 성장하고 번창할 수 없습니다. 안전지대에서 벗어나 치고 나가야 훨씬 더 성장하고 번창할 수 있습니다. 인생에 공짜는 없고 뭔가를 얻으려면 고통이 수반되게 마련이죠.

나는 자기계발 분야의 베스트셀러 작가이며 내 책은 http://amazon.com/author/hungpham에서 검색해 볼 수 있습니다. 내게 보다 많은 조언을 얻기를 원하시면 http://www.missionandpossible.com/에서 뉴스레터를 신청하세요.

홍 팜

📄 요약 및 복습

스티븐 기즈:

1. 돈이나 명성과 같은 외재적 목표가 아닌 다른 동기를 가지세요.

2. 당신이 행하고 있는 것에 믿음을 가지세요.

조엘 러니언:

1. "내가 이걸 왜 하고 있지?"라는 질문에 대한 빈틈없는 대답을 가지세요.

세레나 스타-레오나드:

1. 신선한 관점을 얻기 위해 며칠간 당신의 문제에서 떠나 있으세요.

2. 일을 평소와 다르게 행하고 당신에게 성공의 기회를 증진시켜 주기 위한 10~20개의 방법을 틀에 얽매이지 말고 자유롭고 다양하게 생각해 보세요.

3. 당신이 일을 하면서 돌파해야 할 난관에 봉착했다고 가

정하고, 그 난관을 실제 돌파하는 데에 도움이 될 수 있는 것이 무엇인가를 스스로에게 물어보세요.

데릭 도프커:

1. 동기를 얻기 위해 노력하지 말고 탄력을 얻기 위해 노력하세요. "캔 아이 저스트…?"를 스스로에게 질문해 보고, 아무리 동기부여가 되지 않더라도 당신이 할 수 있는 작은 행동을 떠올려 보세요.
2. 당신이 올바른 방향으로 조끔씩 내딛을 때마다 스스로에게 보상하세요.

미칼 스타위키:

1. 올바른 목표를 설정하고 결과를 보장할 수 있는 행동을 취하는 등 뚜렷한 동기를 갖고 문제를 예방하세요.
2. 계획을 수립하고 그 계획이 어떻게 실행되고 있는지 결과를 매일 추적하세요.
3. 당신의 문제가 낮은 에너지 수준 때문에 빚어진 결과가 아닌지 스스로에게 물어보세요. 당신의 수행을 개선하

기 위해 잠시 낮잠을 즐기세요.

4. 당신이 포기하고 싶은 유혹을 합리화할 때를 보다 잘
알기 위해 일지를 쓰거나 명상을 하세요.

5. 당신이 소비하고 있는 자원(책, 블로그, 팟캐스트 등),
상호작용을 하는 사람, 내면적 사고를 변화시키는 등의
개인적 철학을 바꾸세요.

흥 팜:

1. 만일 당신이 우울증이나 중독으로 고통받고 있다면 당
신의 편견을 제쳐두고 전문가의 도움을 구하세요.

2. 큰 목표를 이루기 위해 일하고 있을 때 작은 승리를 찾
으세요. 작은 승리는 보다 큰 승리에 보탬이 됩니다.

3. 가장 중요한 것이 무엇인지 우선순위를 다시 정하고,
가장 중요한 것에 집중하세요.

4. 힘들지 않은 사람은 아무도 없습니다. 몸부림은 과정의
한 부분입니다.

저자 후기

|

나는 한 가지 목적을 마음에 품고 이 책을 썼습니다. 그 한 가지 목적이란 당신에게 지속력에 영향을 미치는 것이 무엇이며, 그릿이 강한 사람이 되기 위해서는 어떤 방법이 있는지에 대한 이해를 돕기 위해서입니다. 만일 이 책이 당신에게 역경과 장애물을 뚫고 단기간의 낙담과 좌절감을 이겨내는 데 도움이 된다면 나의 임무는 완수된 셈입니다.

제2장의 중요성을 무시하지 마십시오. 지속력은 성공한 사람들의 가장 중요한 자질로 여겨지지만, 핵심은 당신의 끈기와 열정의 힘을 자신의 독특한 상황에 맞게 적

용하는 것입니다.

인생에 있어서 나는 잘못된 길을 따라 간 적이 여러 번 있었습니다. 나에게 맞지 않는 일을 포기함으로써 나에게 맞는 일에 집중하기 위한 시간과 에너지를 더 많이 얻었습니다.

언제 그만두어야 하는가를 말하고자 하는 것이 내가 이 책을 쓰기 시작한 이유입니다. 리처드 코치Richard Koch 가 그의 저서 《80 대 20 법칙으로 살기Living the 80/20 Way》 에서 강조한 바와 같이 당신이 자신에게 맞는 활동을 향해 나아간다면 적은 노력으로 일할 수 있고 많은 것을 성취해 낼 수 있습니다.

만일 당신이 이미 당신에게 맞는 일을 발견했다면, 내가 이 책에서 당신과 함께 공유하고자 했던 조언이 당신의 남은 인생에 도움이 되기를 바랍니다.

꼭 기억해야 할 중요한 사항은 다음과 같습니다.

1. 당신의 행동이 자동화되도록 일상적 절차의 힘을 활용하십시오. 당신이 자신의 목표에 따라 일하는 저항이 적으면 적을수록 더욱더 포기할 가능성이 줄어듭니다.

2. 당신 자신을 불편하게 만들어 정신적으로 강인해지

도록 애쓰십시오.

3. 결과에 초점을 두고 적절한 휴식의 힘을 무시하지 마십시오. 최고의 성취를 이룬 사람들도 하루 4시간 30분 이상 일하지 않습니다.

4. 당신이 자신을 어떻게 파괴하고 있는지 확인하고 이러한 파괴적 행동을 다루기 위한 방법을 배우십시오.

5. 지능과 능력은 고정적이고 불변하는 것이 아니라 노력에 의해 얼마든지 향상되고 변화될 수 있다는 성장 마인드셋을 가진 사람이 되십시오(이것은 역자가 포함한 것임).

6. 변화에 적응하고 문제를 해결하기 위한 방법을 배움으로써 보다 회복탄력성이 강한 사람이 되십시오.

7. 자신에게 엄격해지십시오. 당신의 목표를 포기하지 않고 끝까지 고수하기 위해 제9장에서 언급한 다섯 가지 기법을 이용하십시오.

8. 사람들이 자신의 목표를 향해 일할 때 가장 공통적으로 범하기 쉬운 실수에 대해 알고 당신의 삶에 있어서 그런 실수를 피하십시오.

지속력의 기술을 연마하십시오. 그러면 나는 당신이 추구하는 목표를 달성하고 더 나은 삶을 살 것이라는 점을 의심의 여지없이 확신합니다.

저자 소개

마틴 메도우스 Martin Meadows는 자기성장에 일생을 바쳐 온 저자의 필명이다. 그는 끊임없이 자신의 삶에서 급격한 변화를 일으켜 스스로를 재발견한다.

수년간에 걸쳐 그는 정기적으로 40시간 이상 금식을 했고, 2개의 외국어를 독학으로 공부했으며, 12주에 걸쳐 15kg의 체중을 감량했고, 다양한 분야에서 여러 개의 기업을 운영했고, 냉수로 샤워하고 목욕을 했고, 수개월간 외국의 조그만 열대지역 섬에서 살았으며, 400페이지 분량의 단편소설을 한 달 만에 썼다.

그렇지만 고행이 그의 열정이 아니다. 마틴은 자신의 경계를 시험하여 자신의 안전지대가 얼마나 멀리 떨어져 있는가를 발견하길 좋아한다.

그가 자신의 개인적 경험과 과학적 연구결과에 기초하여 발견한 것은 그의 삶을 개선하는 데 도움이 되고 있다. 만일 자신의 한계를 뛰어넘고 자신의 최고의 버전이 되는 방법을 배우는 데 관심 있는 독자라면 마틴의 저서들을 좋아하게 될 것이다.

그의 저서들은 http://www.amazon.com/author/martinmeadows 에서 검색해 볼 수 있다.

역자 소개

옮긴이 **정종진** Jeong, Jong-Jin은 대구교육대학교 교육학과 명예교수이자 심리상담전문가이다. 뉴질랜드 캔터베리대학교 연구교수, 호주 퀸즐랜드대학교 객원교수, 한국초등상담교육학회 회장, 한국교육심리학회 부회장 등을 역임하였다. 심리상담전문가, 학습상담전문가, 수련감독교류분석상담사, 수련감독학교상담전문가 외에 많은 교육 및 상담 관련 자격을 갖고 있으며, 현재 한국발달장애학회를 비롯한 여러 학술단체의 임원을 맡고 있다. 저서로 《심리효과와 신드롬: 사람의 마음과 세상을 읽다》와 《교양으로 읽는 생활 속의 심리이야기》, 번역서로 《교육장면에서 그릿 키우기》와 《성공하는 교사들의 9가지 습관》을 비롯하여 여러 권의 저·역서가 있다.

GRIT, 그릿을 키워라

Grit: How to Keep Going When You Want to Give Up

2019년 7월 30일 1판 1쇄 발행
2024년 1월 25일 1판 2쇄 발행

지은이 • 마틴 메도우스
옮긴이 • 정종진
펴낸이 • 김진환
펴낸곳 • (주)학지사
　　　　04031 서울특별시 마포구 양화로 15길 20 마인드월드빌딩
대표전화 • 02)330-5114　　　팩스 • 02)324-2345
등록번호 • 제313-2006-000265호

홈페이지 • http://www.hakjisa.co.kr
페이스북 • https://www.facebook.com/hakjisa

ISBN 978-89-997-1857-1 03190

정가 13,000원

이 도서의 국립중앙도서관 출판시도서목록(CIP)은 서지정보유통지
원시스템 홈페이지(http://seoji.nl.go.kr)와 국가자료공동목록시스템
(http://www.nl.go.kr/kolisnet)에서 이용하실 수 있습니다.
(CIP 제어번호: CIP2019025804)

출판 · 교육 · 미디어기업 학지사

간호보건의학출판 학지사메디컬 www.hakjisamd.co.kr
심리검사연구소 인싸이트 www.inpsyt.co.kr
학술논문서비스 뉴논문 www.newnonmun.com
원격교육연수원 카운피아 www.counpia.com